AF501979

CHRONIQUES

SUR LES

COURS DE FRANCE

DÉDIÉES A

M. LE VICOMTE DE CHATEAUBRIAND

PAR LE BARON DE CRESPY-LE-PRINCE,
Chef-d'escadron au corps-royal d'état-major.

II

PARIS,

GABRIEL ROUX ET CASSANET, EDITEURS
EN VENTE CHEZ BAZOUGE PICOREAU,
7, quai des Augustins
1843

CHRONIQUES

SUR

LES COURS DE FRANCE.

ŒUVRES DE CLÉMENCE ROBERT.

OUVRAGES PARUS.

Romans Historiques.

La duchesse d'York . . . . . . , . . 2 vol. in-8.
Le Marquis de Pombal. . . . . . . 2 vol. in-8.
La Duchesse de Chevreuse. . . . . 2 vol. in-8.
Un Amour de reine. . . . . 1 vol. in-8.

Romans de Moeurs.

René l'ouvrier. . . . . 1 vol. in-8.
L'abbé Olivier. . . . . 1 vol. in-8.
Une Famille s'il-vous-plait. . . . 2 vol. in-8.

Poésies.

Paris, Silhouettes. . . . . 1 vol. in-8.

SOUS PRESSE.

Romans Historiques.

Le couvent des augustins. . . . . 2 vol. in-8.
Jean Goujon. . . . . 2 vol. in-8.
Jeanne de Castille . . . . 2 vol. in-8.
Le roi . . . . 2 vol. in-8.
Christine de Pisan. . . . . 2 vol. in-8.
William Shakspere. . . . . 2 vol. in-8.
Les Tombeaux de saint-Denis. . . . 2 vol. in-8.

Romans de Moeurs.

Mourir pour elle. . . . . 1 vol. in-8.
Le Paradis perdu. . . . . 1 vol. in-8.
Scènes de l'Avenir. . . . . 2 vol. in-8.
Aimer l'amour. . . . . 1 vol. in-8.

POUR PARAITRE INCESSAMMENT

LES RUES DE PARIS,

CHRONIQUES DE JOUR ET DE NUIT.

4 volumes in-8.

Imp. de Moquet et Hauquelin,
r. de la Harpe, 90.

CHRONIQUES

SUR LES

COURS DE FRANCE

DÉDIÉES A

M. LE VICOMTE DE CHATEAUBRIAND

PAR LE BARON DE CRESPY-LE-PRINCE,

Chef-d'escadron au corps-royal d'état-major.

II

PARIS,

GABRIEL ROUX ET CASSANET, EDITEURS

EN VENTE CHEZ BAZOUGE PIGOREAU,

7, quai des Augustins

1843

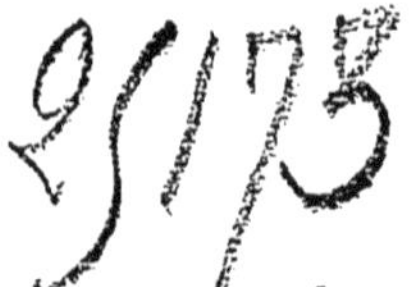

RÈGNE DE LOUIS IX.

année 1246.

Le Vicomte de Marseille.

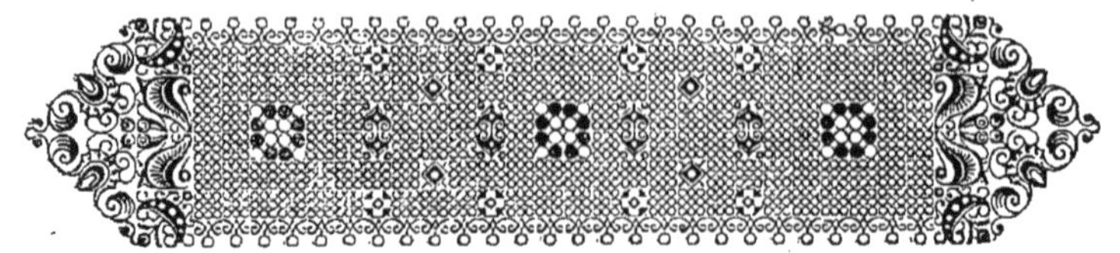

Pour aimer il faut connaître, et
pour connaître il faut éprouver.
JULIEN, EMPEREUR.

Une nuit calme et sans nuage annonçait un beau jour, la terre embaumée par les plantes et parée des perles de l'aurore attendait le premier rayon de soleil pour recevoir de lui son plus brillant éclat.

Un églantier d'une très grande hauteur, comme il en croît sous un ciel toujours azuré, couronnait de mille roses la fenêtre gothique d'une tourelle du château de la ville d'Hyères, dont le sire de Fossis était seigneur. Sa fille Léonor, qu'avait bercée un doux rêve, regardait l'aube matinale à travers le trêfle façonné du volet de sa chambre, qu'un bruit ébranla fortement; elle jette un cri, lequel éveilla sa sœur de lait, fille d'un vieux archer du comte de Provence, dont elle n'avait jamais voulu se séparer. Le père de Thérèse avait sauvé la vie au sire de Fossis et était devenu gardien des clefs de la citadelle. Les jeunes amies venaient d'atteindre leur vingt ans.

La rare beauté de Léonor la rendait l'objet le plus désirable des gentilshommes de la cour de Béatrix. Les moins entreprenants s'absentaient de leurs domaines, seulement pour la voir : elle était la muse de tous les poètes et la providence de tous les malheureux : Elle aussi composait et chantait des hymnes, et quand c'était pour sa mère, qui reposait, disait-elle, dans le sein d'Abraham, on aurait cru voir un ange! Ceux qui n'avaient d'autre génie que l'admiration s'en allaient meilleurs en la quittant, et l'offraient pour modèle aux autres femmes.

Unique objet de la tendresse de son père, et douée de tous les dons de la nature, elle se trouvait cependant à plaindre de n'avoir pu encore échanger le moindre mot avec le poète dont les vers la charmaient, quoiqu'il ne lui en eût jamais adressé; il évitait même son regard, tant il en redoutait la puissance; il ne la contemplait avec extase que lorsqu'il croyait n'en pas être aperçu; Léonor et lui s'étaient rencontrés chez le sire de Glandevès, et souvent à l'église. Une fois entr'autres le hasard les avait fait communier en même temps, comme pour épurer déjà leurs amours; ce moment décida de leur destinée. Le favori des muses était peut-être le moins beau du Parnasse provençal, mais son front portait l'empreinte de la pensée, sa taille ne manquait pas d'élégance, le son de sa voix allait à l'âme, et son adresse le faisaient aussi remarquer dans les exercices du corps ; à le croire, il était de petite naissance et de petite fortune ; le talent, qui ennoblit tout, aurait rendu sa recherche agréable aux damoiselles du plus haut lignage ; il avait ouï dire que le sûr moyen pour arriver au cœur d'une femme, était de ne point s'en occuper, lorsqu'elle est entourée de soupirants.

Au bruit qu'elle venait d'entendre à sa croisée, Léonor fit cette réflexion :

—Serait-ce un avertissement que Marie de Villeneuve a reçu l'anneau de fiancée du poète Boniface ? On croit que c'est pour elle qu'il compose sous le nom de Polhymnie les tensons que je sais par cœur ; qu'elle est heureuse !

et moi que je le suis peu. Par quelle bizarrerie les sires de Tournon, de Simiane et d'Agout, si bien faits de leurs personnes, et les seigneurs de Barras, de Grammont et de Vintimille, si spirituels, et qui semblent ne respirer que pour moi, ne me plaisent-ils point? Ah! ma trop regrettable mère, que ta perte m'est douloureuse; tu aurais été l'arbitre de ma destinée. Une mère! c'est le véritable ange gardien de son enfant; elle sait mieux que lui ce qu'il faut à son bonheur. Ainsi que moi, ma bonne Thérèse, tu n'as plus la tienne, pour qui j'étais une seconde fille. Elles veillent peut-être sur nous du haut des cieux; mais ton heure d'amour n'est pas encore venue; tu ne soupires pas en secret comme ta sœur, et quand ce mal gagnera ton âme, je serai là pour en adoucir l'amertume; tu pourras en parler, on te plaindra, on cherchera à te distraire, à te consoler, tandis que nous, pauvres filles nobles, nous vivons dans la réserve et la contrainte, nous n'épousons presque jamais que celui qu'on nous impose.

—Unissons nos peines, ma bonne maîtresse, ma tendre sœur! puisque vous ne voulez plus que je vous appelle d'un autre nom; porter à deux notre fardeau sera moins lourd. Croiriez-vous que c'est presque un chagrin pour moi que d'être initiée à votre savoir? Je n'étais née que pour vous aimer et vous servir; je me trouvais satisfaite de mon sort, lorsque par vos libéralités mes idées se sont élevées, mon goût s'est épuré sans rien me faire perdre de ma condition obscure. Quel est le bourgeois qui me recherchera? quel est l'homme du peuple qui pourra me plaire? Nouvelle Jephté, je suis condamnée à gémir sur la montagne. O sainte Marie, à qui mon enfance a été vouée, préservez-moi des ennuis que cause cette solitude à plusieurs de nos compagnes, et que ma tendresse pour ma sœur me rende insensible à tout autre sentiment.

Léonor embrassa Thérèse avec effusion en l'assurant que l'étude ne gâte jamais rien, et qu'elle est au contraire l'ornement qui pare le mieux la nature. Elle lui raconta ce rêve qui l'oppressait encore :

Le poète Boniface dans ce rêve lui lisait des vers qu'il avait composés pour sa fête, et la nommait *sa Muse!* à ce nom Léonor voulut donner de l'air pour mieux voir le ciel, et le remercier de cette faveur, car tout vient de lui, se dirent les deux jeunes filles.

Thérèse sentit une résistance en voulant accrocher le volet ; elle regarda derrière : c'était une flèche dont le fer était entré assez avant dans le bois ; elle était entourée vers le milieu d'un parchemin lié aux extrémités ; Thérèse saisit l'arme et s'écria : « Je tiens le messager qui a frappé à notre fenêtre ; c'est chose trop nouvelle, chère sœur, pour ne pas être de bon augure. Lisez donc, je me retire, car ce n'est certainement pas à moi que cela s'adresse.

— Te retirer! es-tu folle? ai-je des secrets pour mon amie? Je n'ose décacheter cet écrit, il t'est peut-être destiné; on sait que notre chambre est commune, puis tu es si jolie, malgré ta peau un peu brune, que tu dois te consoler de n'être pas une beauté régulière et blanche comme Hermine de Pontevès. Il n'est pas étonnant qu'on ait pensé à toi dès le matin; enfermons-nous et lisons. »

Thérèse s'élança comme une biche jusqu'au verrou de la porte, et vint aussitôt s'asseoir sur le lit de Léonor; elle s'empara de la lettre. L'une et l'autre dans ce moment, plus colorées que les églantines qui ornaient leur fenêtre, rompirent si précipitamment le cachet qu'elles ne firent point attention à la devise.

« Noble fille! mon amour pour vous ne

» peut jamais être ressenti par nul autre au » même degré que je l'éprouve ; il est devenu » si maître de moi que vous pouvez disposer » de ma vie. Je ne puis plus me dire sujet » du comte de Provence, c'est vous qui êtes » ma souveraine! et s'il fallait le combattre » pour vous faire porter sa couronne, mon » bras s'armerait sur l'heure.

» J'ai trop longtemps gardé le silence. » Demain j'assisterai à la prise de voile de » Marianne de Baux, où je sais que vous de- » vez être. Vous me reconnaîtrez à mon » humble aumônière de serge, ornée de votre » chiffre découpé en drap. C'est maintenant » à votre intention que je donne aux pauvres : » la charité porte bonheur à l'amour.

»J'ai composé le cantique que l'on chantera » au moment où la novice prendra le voile. » Vous m'avez inspiré aussi les nouveaux ten- » sons que la reine Marguerite fait copier à » cette heure sur vélin, avec peintures re-

» haussées d'or. La chaste princesse daigne
» les préférer de beaucoup aux poésies de Ru-
» tebœuf et de Jean de Condé, qu'elle trouve
» trop licencieuses ; mais je serais bien autre-
» ment heureux si mes vers étaient parvenus
» jusqu'à vous et que vous les ayez appris !

» Noble fille ! ne dissimulez donc rien de
» ce qui se passera en vous à ma vue. Votre
» émotion sera-t-elle pénible, je mourrai de
» douleur ; me semblera-t-elle douce, je suc-
» comberai de plaisir. Vous voyez, ma vie ne
» peut être longue ; faites au moins qu'elle
» soit utile à quelqu'un ou à quelque chose,
» car elle est plus vôtre que mienne.

» Le moyen que j'emploie pour que vous
» connaissiez mon ardente flamme, est le plus
» prudent qui se soit présenté à mon esprit,
» puisque jamais personne ne passe sous vos
» appartements, et que je sais que c'est vous
» qui ouvrez chaque matin votre fenêtre au
» lever de l'aurore, comme pour saluer cette

» messagère du jour et être prise pour elle
» par le dieu des vers. »

— Cette lettre serait-elle de mon poète? dit la damoiselle de Fossis. Oh! non ; il ignore combien ses chants me captivent et à quel point sa personne a su me plaire. Toujours il détournait les yeux quand les miens, malgré moi, le cherchaïent, et que ma bouche avait des louanges à lui donner. Peut-être en ai-je enflammé un autre moins indifférent? Pauvre insensé ! tu n'auras même pas la légère faveur que tu me demandes, car elle appartient à ton rival... Je serais curieuse cependant de savoir qui tu es. »

Thérèse, non moins intriguée que Léonor, allait relire la lettre, quand elles entendirent des chiens aboyer, des chevaux hennir, et le grand pont-levis s'abaisser. Un nuage de poussière traversant le fossé leur fit croire que de nombreux visiteurs arrivaient. Elles ne se trompaient point : le sire de Fossis envoya prévenir sa fille que c'était la comtesse de Provence en personne, et qu'elle eût à se hâter de descendre pour la recevoir. Un tel honneur avait fait diversion à la lettre mystérieuse. Tout fut mis à l'instant hors des coffres; Léonor, aidée de ses femmes, se composa une parure des plus coquettes, pendant que Thérèse était allée porter ses premiers ordres.

Le vestibule était encombré de pages, d'écuyers et de gardes accrochant leurs armes, leurs cornemuses et leurs manteaux. La cour était remplie de varlets, de cavales, de levriers, et même d'un grand chariot où étaient les bateleurs et les ménestrels du vicomte de Marseille, (2) qui en avait fait la galanterie à la princesse pour égayer son voyage. Dès qu'elle eut aperçu la damoiselle de Fossis, elle vint à sa rencontre, et se refusa au baisement de main et au compliment usité. Béatrix, au contraire, embrassa Léonor avec effusion, et lui dit :

—Je ne veux d'autre accueil que celui du cœur. Je vous demande pardon, belle damoiselle, de tout l'embarras que je vais vous causer; mais quand vous saurez le sujet qui m'amène, vous n'en serez point surprise. Je désire que votre père me laisse vous entretenir quelques instants en particulier. »

Elles allèrent s'asseoir sous les berceaux de jasmin et de chèvrefeuille de la terrasse.

—Il m'a été impossible, continua la princesse, d'arriver incognito, ainsi que je l'aurais voulu, car je suis menacée d'être enlevée. Mon gendre, le roi de France, a chargé Renaud de Pressigny de cette expédition : il épie toutes mes démarches, et n'a pas été assez téméraire ou assez fort jusqu'à présent pour la mettre à fin.

» Vous avez su que mon époux a été en danger de mort. Louis IX, instruit que mon seigneur et maître avait laissé par testament la Provence pour dot, à notre petite Berthe, veut me contraindre de donner cette enfant en mariage à son frère, le comte d'Anjou. Déjà plusieurs de nos places fortes sont menacées. Une telle conduite m'irrite, et j'aime encore mieux m'allier à Pierre d'Aragon, l'usurpateur, qui me demande ma fille en secret pour son fils.

» Il me faut donc soutenir la dignité de ma couronne et résister à mon gendre; Dieu sera pour le bon droit, et avec l'aide des gens de cœur je triompherai. Le plus homme de tête parmi eux, quoique poète, le vicomte de Marseille, vous aime éperduement. Instruite de ses intentions, je prends sur moi de venir en parler au sire de Fossis : cette alliance est une des plus brillantes que vous puissiez contracter. Ce que je vous dirai de lui vous le fera préférer aux autres seigneurs, de même que c'est sur votre réputation qu'il vous a préférée à nos plus nobles damoiselles, les Catherine de Forbin, les Marguerite de Blacas et les Esther de Sabran. Si, comme je n'en doute pas, la chose vous agrée, votre empire sur lui n'aura pas de bornes. Vous n'aurez qu'un mot à dire pour qu'il épouse ma juste querelle, je récompenserai ses services en l'établissant dans sa souveraineté, moyennant foi et hommage, seulement pour la forme.

— Un diadème ceindra votre front, car le vicomte descend de Thibaud IV, roi de Navarre, et de Berthe, fille de Lothaire, roi de Lorraine.

—Un tel honneur n'est point fait pour moi, princesse; mon choix serait déjà fixé si l'homme modeste qui a su me plaire pouvait connaître mes sentiments. J'espère qu'un hasard heureux les lui révèlera. Je prierai pour le succès de vos armes, en vous assurant toutefois, avec ce respect que vous commandez, que si l'époux que le ciel me destine était de condition à vous servir, le sacrifice serait grand à moi de le faire marcher sous vos étendards pour une cause personnelle et de compromettre ainsi une vie qui m'est chère.

— Ce discours est peu digne de vous, chère Léonor, et sent la dérogeance ; ne croirait-on pas entendre une fille du menu peuple ou une femme de vilain? La passion même ne saurait vous excuser, et vous n'oseriez raisonner de la sorte devant votre père, si brave chevalier. Je vais causer avec lui de tout cela, et je suis convaincue que demain à pareille heure vos idées auront changé.

Léonor salua de la tête Béatrix sans lui rien répondre.

Elles rentrèrent au château pour se mettre à table.

Malgré la préoccupation d'esprit de la comtesse et les sentiments confus qui agitaient Léonor, le repas fut très-gai. On récita les dévotes fantaisies de Gauthier de Coincy, auxquelles succédèrent les chansons courtoises du poète Boniface, avec accompagnement de vielles et de tambourins ; cela suffisait pour égayer la damoiselle de Fossi. Les bateleurs exécutèrent ensuite un petit acte représentant une fille enlevée au sortir d'une fête, et sous de riches habits par un troubadour sans biens et assez mal vêtu. Le père saisit le ravisseur et va l'immoler à sa vengeance quand un ange apparaît et détourne le coup. L'envoyé du ciel fait de vifs reproches au gentilhomme de ce qu'il est sourd à la voix de la *nature* pour n'écouter que celle de l'*orgueil*. Ces deux personnages se montrent en même temps : la première, belle et vêtue d'une tunique blanche, porte une étoile au front et a les cheveux flottants ; elle supplie le père qui la repousse ; le second, hideux et couvert de clinquants, montre un blason d'une main et menace le pauvre poète. Enfin le père, à la vue d'une troisième figure allégorique, un enfant au maillot que lui présente un Amour, pardonne au coupable, et donne sa bénédiction.

Ce qu'il y avait de plus extraordinaire, c'était de voir Béatrix approuver la morale de la pièce, après avoir tenu à Léonor un langage si différent. Celle-ci ne savait plus que penser, et semblait reconnaissante de ce que la princesse lui était devenue favorable, quand pour mieux l'éprouver elle lui proposa de la rendre témoin d'un spectacle encore plus touchant: celui d'une victime de l'amour qui se fait épouse de Jésus-Christ, faute de n'avoir pu devenir la femme du petit fils d'Arnaud Daniel, ce prince des poètes provençaux, mais de médiocre gentilhommerie de Tarascon.

La prise de voile aura lieu demain, dit la damoiselle de Fossis, l'offre fut acceptée. La comtesse, fatiguée de sa route, se retira de bonne heure ainsi que les dames qui l'accompagnaient : Claire de Marcellus, Germaine de Godefroy; Agnès de Spara et Guillemite d'Oraison.

Léonor de Fossis et Thérèse regagnèrent leur appartement. La nuit fut pour elles sans aucun repos tant elles avaient eu de choses à se dire! Ne voulant rien perdre de leurs paroles, elles avaient rapproché leurs lits; vers le matin, cependant, elles reposaient profondément lorsqu'elles se réveillèrent au bruit de la trompe d'un varlet qui menait ses bêtes à l'abreuvoir.

Les jeunes amies, charmées d'être aussi près l'une de l'autre, commencèrent le petit colloque suivant :

— C'est donc aujourd'hui que va se dérouler ma chronique d'amour, bonne Thérèse, et peut-être la tienne ; car je sais que tu as été trouvée toute mignonne hier, et que ton parler a été trouvé plein d'esprit. As-tu reçu quelqu'hommage des gentilshommes de la princesse, et te propose-t-on le mariage? Il ne faut que plaire, pour cela, et la fille du pauvre l'emporte souvent sur celle du riche.

— Je n'ai remarqué aucun de ces beaux sires, je vous jure, tant j'avais de soins à prendre à l'occasion de la visite inattendue de notre souveraine; mais il me semble, ma sœur, qu'elle nous a occupées au point de nous avoir fait oublier jusqu'à nos prières! Accusons-nous-en à notre crucifix, et prenons-lui, croyez-moi, quelques petites branches des rameaux dont nous l'avons orné, nous les porterons sur nous; c'est un talisman contre la séduction, si jamais chevalier déloyal voulait nous abuser par des promesses qui ont fait faillir Blanche de Saint-Albin et Catherine de Riez.

— Quelle heureuse idée t'inspire! aurais-tu encore un secret pour faire rêver sans danger à ce que l'on aime?

— Oui vraiment, je me rappelle la recette

que ma grand'mère donnait aux filles de son village pendant la veillée : « Voulez-vous que vos fiancés vous apparaissent? leur disait-elle, « mangez, avant de vous endormir, une petite pomme d'apis, cueillie le jour de la Saint-Jean, au lever du soleil. »

Les bénédictines avaient psalmodié toute la nuit pour la prise d'habit de Marianne de Baux. Leur chant monotone pénétrait de l'abbaye à la demeure du sire de Fossis, et avait troublé le sommeil de la comtesse.

On déjeuna de bonne heure pour se rendre à l'église. La princesse n'avait pas voulu faire savoir qu'elle y assisterait, afin d'éviter ce jour-là un cérémonial qu'elle croyait inutile ; seulement, le banc du seigneur de la ville d'Hyères, plus orné que de coutume, l'attendait.

Aussitôt que la double volée des cloches eut annoncé les adieux au monde d'une des plus belles et des plus riches héritières de

Provence, on se rendit au couvent par la galerie souterraine. Béatrix s'appuyait sur le bras du sire de Fossis, ses chambellans et son écuyer, les seigneurs de Villeneuve, Puys-Aigu, de Rascas et de Ferro, (4) marchaient devant et donnaient la main à Léonor et aux dames de la suite ; les autres gentilshommes s'étaient rendus au chœur par l'entrée principale.

Léonor avait voulu s'habiller de noir pour assister à la prise de voile. Elle reprit cette fois le deuil de sa mère; un grand voile transparent ajusté à un béguin de velours brodé en perles noires, d'où s'échappaient deux longues nattes blondes ramenées par devant, rendaient sa taille encore plus imposante. Tous les assistants avaient les yeux fixés sur elle. La comtesse de Provence prenait aussi plaisir à la regarder et lui disait aimablement qu'elle avait l'air bien plus princesse qu'elle.

Un grand silence régnait dans l'église, et quoique Béatrix eût voulu garder l'incognito, l'abbesse, Ursule de Balb ne lui présenta pas moins le goupillon, et lui fit donner le coup d'encensoir; elle vint ensuite se placer à sa droite; Léonor occupait la gauche.

On attendait pour commencer la cérémonie un proche parent de la novice. Le siége gardé sur le devant de la tribune réservée à la famille, annonçait un personnage, lorsqu'à un dérangement de banquettes on le vit paraître; celui-là n'avait pas une aumonière en serge et n'était pas vêtu modestement. Sa robe, chargée de riches broderies, laissait pendre une large bourse en velours bleu garnie de franges d'or; et ornée d'initiales en reliefs. L'élégance de son costume, ses cheveux taillés à la nouvelle mode et couvrant son front, puis aussi, les lettres L. et F. que portait l'aumonière, empêchaient d'abord qu'on ne le reconnût; lorsque avant de s'asseoir, il la détacha d'une ceinture couverte de pierres fines et de chaînons émaillés, afin de se donner plus d'aisance, et l'appendit aux sculptures du pilier de la travée. Le cœur commençait à battre à damoiselle de Fossis ; elle désirait savoir quel était ce brillant gentilhomme, ressemblant si fort à son poète.

— Ah ! dit à voix basse la princesse, voilà le vicomte de Marseille, Boniface de Castellane, c'est une bonne surprise que sa présence, je ne le savais pas ici. Comment le trouvez-vous? demanda-t-elle à Léonor, qui, visiblement émue de voir dans son auteur adoré un descendant de maison princière, bégayait des mots sans suite et feignait que la triste cérémonie d'une prise de voile causait seule le trouble extrême qu'elle ressentait.

— Remettez-vous, mon enfant, peut-être dans quelques jours verrons-nous Marianne de Baux préférera le chiffre de Jésus-Christ à tout autre!... Mais quel est celui dont se pare aujourd'hui mon cousin, ajouta malignement Béatrix.

Léonor rougit et livra son secret. Vous allez avoir sa visite ce matin ; il me remplacera ; je pars, dans quelques heures, de cette abbaye même où madame de Balb me supplie avec une vive instance de lui faire l'honneur de dîner.

Léonor, de plus en plus agitée à la vue du vicomte de Marseille, dont les yeux d'aigle étaient fixés sur elle, ne se sentit plus la force de résister à ce regard qu'elle avait cherché naguère; elle porta la main à son cœur. Ce premier aveu était la réponse à la lettre qui avait attendu au milieu des fleurs et sur une flèche le réveil d'une muse. Le poète, non moins enivré, rendait geste pour geste. Intelligence d'amour! langage de cœur à cœur, pendant une cérémonie où deux êtres souffraient les angoisses de la passion sans espoir, et qu'un cloître allait séparer, que vous étiez mêlés de charmes!

Mais aussi quel oubli! dans le temple du Seigneur où la piété chrétienne et la majesté des saints mystères devraient nous occuper uniquement, se disait la tendre et pieuse Léonor, surprise qu'un attachement humain pût l'emporter, quelques instants sur le culte de la divinité.

La toilette de la novice se préparait; elle s'était vu ôter avec calme sa robe d'or et de soie; mais lorsque sa chevelure d'ébène tomba sous les ciseaux, les forces lui manquèrent, il fallut la transporter à la sacristie et remettre, sans aucune pompe, la cérémonie au lendemain.

Tous les cœurs étaient émus. Le cantique que le poète Boniface avait annoncé dans sa lettre à Léonor pour ce sacrifice ne put être chanté.

Avant de quitter l'église, la damoiselle de

Fossis hasarda sur son poète un autre regard qu'elle réduisit par ces mots : *Je vous attends*. De retour chez elle, elle monta vite à sa chambre pour se parer cette fois des habits les plus riants. Elle sauta au col de Thérèse, en l'instruisant de sa découverte, et la pria de lui faire un bouquet de ces roses qui ombrageaient leur fenêtre.

Le vicomte reçut l'accueil le plus amical du sire de Fossis; ce qu'il en avait appris par la comtesse de Provence le comblait de joie. Il n'hésita point à le présenter à sa fille, en se félicitant, et pour elle et pour l'honneur de leur famille, de ce que le poète qu'elle aimait fût de haute naissance; car malgré sa tendresse de père, il n'aurait jamais donné son consentement à une union mal assortie. Je vous permets, dit-il à Boniface, de vous entendre, dès ce jour, avec ma Léonor sur tout ce qui est relatif à votre mariage, et de souffrir, seulement pour les bienséances, que sa sœur de lait, sa compagne d'enfance et sa meilleure amie, soit présente à cette première entrevue. Thérèse n'en tint aucun compte pour ne pas les gêner. Nos amants gagnèrent l'avenue des orangers qui donnait sur la mer, du sein de laquelle la lune venait de se lever. Ce spectacle pompeux, les douces harmonies de la nature auxquelles succédait le silence du jour qui finissait, l'air embaumé des bosquets, et surtout l'abandon plein de charme de Léonor, enhardirent peu à peu Boniface de Castellane qui lui dit :

— Je voulais arriver à vous sous de favorables auspices, noble fille ! notre souveraine a daigné m'annoncer. Je ne lui ai point laissé ignorer ma passion pour vous. Seulement elle s'est méprise sur sa nature. Elle a cru pouvoir me proposer au seigneur de Fossis, comme ces prétendants qui ne recherchent une main que pour toucher une dot. Je suis pauvre, il est vrai, pour les misères que je voudrais soulager ; mais je me trouverais trop riche s'il n'y avait point de malheureux, et je préfèrerais la culture des lettres à tout l'or du monde.

Nos états, menacés de nouveau par Louis IX, demandent un homme qui lui dispute le plus beau fleuron de la couronne de Provence, Marseille, ses habitants m'ont choisi. Béatrix, incertaine si j'accepterais cet honneur, est venue vous trouver pour que vous m'excitiez aux combats, sachant combien il m'est indifférent de vivre n'importe sous quel prince. Quelqu'éphémère que soit la gloire, cependant, elle me devient chère aujourd'hui; il me la faut à tout prix, je la respire d'avance, elle est le plus bel ornement du temple que je vous élève.

Je veux être votre héros, comme vous êtes ma muse, et si le laurier du soldat se mêle à celui du poète, je vous apporterai cette double couronne pour l'unir à votre couronne de vierge; mais croyez-moi, Léonor, ne les fanons point par le lien trompeur, hypocrite et intéressé du mariage; mieux vaut mille fois se consumer d'amour que de finir dans le dégoût, l'abandon et quelquefois la haine, oui, la haine! croyez-en l'expérience des sages; beaucoup vous disent qu'il vient un moment où, dans ces sortes d'union, la nature cessant de se contraindre, laisse apercevoir les hideuses imperfections qui sont de son essence et que plus tard elles augmentent avec d'autres misères humaines, et complètent le désenchantement.

Dans mes idées de poète, épouser ce qu'on aime! c'est le perdre, c'est s'exposer à ne plus l'aimer; c'est se suicider soi-même; c'est vouloir unir le ciel et la terre, le pur à l'impur, le sacré au profane, c'est violer les lois qui régissent le monde idéal et que doivent respecter et sous lesquelles doivent mourir tout inspiré des muses et toute fille chaste!

N'avez-vous donc pas entendu parler des célèbres sirvantes que Boniface de Castellane, mon père, offrit en présent au comte d'Anjou ?

— Ce prince les a lues longtemps, chaque jour : c'est une peinture effrayante des vices et surtout des mœurs de notre noblesse provençale.

Indépendamment des secrets qui étaient confiés à ce poëte, (car il était l'ami et le consolateur des affligés), les secrets qu'il surprit lui-même et les perfidies dont il fut victime de la part des dames et des damoiselles qu'on croyait les plus vertueuses, l'avaient déterminé à ne se marier que quand le cœur cesserait de lui battre pour aucune, et qu'il rencontrerait une femme pour qui le devoir seul fût tout.

Je suis le fruit glacé de ces plantes sans chaleur, je fus élevé dans la haine de votre sexe jusqu'au moment où je vous vis ;

alors une nouvelle existence m'anima, je me sentis consumé par un feu dévorant. Je me serais dédommagé sur votre adorable image, comme je le fais dans mes vers, de ce respect que je voulais vous garder en public. Chaque nuit je vous appelais en songe et quelquefois vous m'apparaissiez !!! Seigneur Suzerain, j'étais assez puissant pour réaliser l'illusion en vous ravissant aux auteurs de vos jours et en réparant ce premier outrage à la vertu, par la parole du prêtre. Mais aussitôt que reparaît la lumière, je désire vous conserver telle que nos Druides eussent vu en vous ce *divin* qu'ils attribuaient à la jeune fille (5). Idée suave ! rayon sacré qui illumine mon âme et dissipe à jamais les feux grossiers du vieil homme.

La damoiselle de Fossis, enflammée de plus en plus par ce discours, semblait une prophétesse sacrée quand elle adressa ces mots à son poète :

« Inspiré du ciel! ton culte mystique me ravit aux célestes régions, ta parole n'a rien d'humain, ne crains point de rivaux ici-bas; là haut je te distinguerais parmi les séraphins ; tu m'as révélé toute la poésie du cœur; tu m'enivres de son parfum; peut-être sans tes leçons je t'aurais aimé en créature terrestre ; mais va, tu me pénètres plus que l'apôtre qui nous dit : *qu'il vaut encore mieux ne pas s'unir corporellement.* »

« Reçois ma foi à la clarté de l'astre des amours ; je n'appellerai pas le serment à mon aide, tant d'autres l'ont violé, que je croirais être indigne de ta tendresse si j'employais pour te convaincre ce moyen vulgaire ! Souviens-toi qu'il existe déjà entre nous un lien sacré , lorsque, agenouillés ensemble à la table de vie , nous avons reçu conjointement notre Dieu ? »

Le culte du poète avait changé toutes les idées de sa muse et l'avait persuadée qu'il fallait aussi de la gloire pour être heureux ; Léonor laissa donc partir sans trop de regrets son fiancé, nous dit le chroniqueur, et lui donna comme gage d'amour le bouquet qui ornait son sein.

Le sire de Fossis attendait pour les unir la fin de la guerre qui paraissait devoir s'allumer.

Le vicomte, la mémoire toute pleine des poésies de Boniface son père, sur la fragilité du cœur des femmes, voulait mettre à l'épreuve celle dont il ne pouvait cependant douter. Il se fait passer pour avoir été tué à la première sortie des bourgeois de Marseille contre les troupes du comte d'Anjou. Son écuyer, Guillame du Pujet, en porta la nouvelle et joua si bien son rôle que Léonor lui demanda de la percer de son épée, n'ayant point le courage de le faire elle-même, parce que la religion le lui défendait. Le désespoir où elle était arrachait des larmes au vieux soldat qui, malgré l'ordre de son général et seigneur, avait été au moment de la désabuser.

Enfin il s'arracha d'elle pour instruire le plus tôt possible, le vicomte, des amères douleurs que sa perte causait.

L'heureux poète, ne voulant pas prolonger cet état, renvoya quelques jours après rassurer sa fiancée.

Le sire de Fossis s'était absenté pour aller faire secrétement des partisans à Béatrix, comtesse de Provence, quand le fidèle messager vit arrriver à lui la bonne Therèse tout en larmes, qui lui dit qu'il avait donné la mort à sa maîtresse et qu'elle n'avait plus que quelques instants à vivre. Elle va recevoir ce matin l'Extrême-Onction, ajouta-t-elle. Impossible depuis la fatale nouvelle que vous lui avez apportée, de lui faire prendre la moindre nourriture. Frère Anselme, directeur des Bénédictins, et le nôtre, a obtenu au nom de Jésus qui ne reconnait aucun suicide, qu'elle ne refuserait pas les aliments qu'on lui présenterait ; mais, hélas! il n'est plus temps, la nature s'y refuse, déjà ses yeux se ferment, ses forces l'abandonnent sans que sa raison et sa parole se soient encore affaiblies. Qu'avez-vous de nouveau à dire à notre damoiselle, seigneur écuyer, que vous revenez si promptement vers nous ?

C'est la vie que je vais lui rendre, le vicomte n'est pas mort, voici la lettre qu'il m'a donnée pour sa fiancée ; je le précède de peu de jours ; Louis IX, faisant succéder la prière à la menace, envoie à notre souveraine l'Archevêque de Sens et le comte de Nesle, avec de riches présents, dans l'espoir d'obtenir la princesse Berthe pour le comte d'Anjou.

—O bonté divine! viens à notre aide, s'écrie Thérèse, en joignant les mains, je cours instruire de tout cela notre chère Léonor ;

peut-être qu'une crise salutaire la sauvera.

La pauvre mourante lui souriait en lui disant que depuis qu'elle venait de distinguer la voix de l'écuyer de Boniface de Castellane, elle se sentait mieux et qu'elle voulait en profiter afin de lui adresser quelques questions sur son maître.

— On l'a cru tué, lui annonça Thérèse avec de grands ménagements ; il a survécu à ses blessures, les médecins en répondent, il vous en instruit, lui-même, par cette lettr e.

Léonor la colla sur ses lèvres et rendit le dernier soupir, sans avoir pu, ni se la faire lire, ni avoir même la force de la baiser.... La discrète Thérèse s'en empara sur-le-champ pour qu'elle ne tombât dans aucune main : le cachet était semblable à celui de la première lettre ; on y lisait : AMOUR DE POÈTE.

En l'absence du sire de Fossis, sa fille fut mise par les soins de l'abbesse des Bénédictins leur parente, sur un lit de parade entouré de cierges et d'un nombreux clergé ; toute la ville alla jeter des fleurs et de l'eau bénite, sur ce corps, resté toujours beau ; le surlendemain il fallut l'ensevelir, tant la chaleur était devenue excessive. Thérèse voulut seule prendre ce soin, afin de pouvoir placer entre le cœur de son amie et le linceul la lettre de son amant, dont le contenu était ignoré.

Le sire de Fossis, qu'on n'avait pu faire prévenir pour assister aux derniers moments de sa fille, parce qu'on ignorait où il avait porté ses pas, ne trouva en rentrant chez lui que gémissements et désolation.

L'idée de ne plus voir son enfant ajoutait à sa douleur. Il voulut lui donner le baiser de paix. Ce seigneur, dont l'âme était aussi énergique que tendre, se rendit seul dans la nuit, au caveau de la chapelle : il tenait d'une main un christ pour soutenir son courage, et de l'autre une lampe pour éclairer ses pas chancelants. Le cercueil de bois attendait sa robe de plomb: le malheureux père put contempler sa fille une dernière fois ; les aromates que Thérèse avait placés sur le corps de son amie répandirent au même instant leur parfum.

Le visage de Léonor, quoique très altéré, la rappelait toujours, la mort même n'avait pu l'enlaidir : ses longs cheveux qui lui servaient de premier linceul, ajoutaient à ce tableau déchirant.

L'infortuné sire de Fossis, approchant ses lèvres tremblantes du front de sa fille, toucha légèrement sa poitrine et sentit un papier ; il souleva doucement le drap, comme s'il devait la réveiller... et prit la lettre.

Sa surprise redoubla de voir qu'elle n'avait pas été ouverte.

— Doit-on violer le secret des morts, se dit-il

aussitôt, ou ne puis-je, comme père, m'éclairer sur la cause de mon malheur? peut être que cet écrit me l'apprendra. Il le lut :

— « O! femme céleste, que je suis touché « du désespoir où vous a mise la nouvelle de ma « mort! Que faire désormais? que vous dire « pour réparer ce mal? je vous ai outragée par « une épreuve qui m'avilit à mes propres « yeux; avoir pu douter de vous, c'est avoir « méconnu un instant la divinité : pardon, « pardon d'une pensée que je ne dois qu'à un « mauvais génie. Ah! si jamais le ciel, pour « me punir de ce crime involontaire, vous « enlevait à ma tendresse, j'écrirais sur votre « tombe :

ELLE MOURUT FIDÈLE ET NE FIT PAS DE SERMENT.

Déplorables effets de la passion, s'écria le sire de Fossis, voila de tes coups!... il donna un second baiser à son enfant et lui remit sur le cœur la lettre de son fiancé; plus tard il tendit la main au vicomte, lorsque celui-ci accourut, voulant se pénétrer de toute son infortune, et prier à la sépulture de la famille. L'églantier des deux jeunes filles avait fourni ses dernières fleurs pour y laisser une couronne que Thérèse venait de tracer.

— Bonifaee de Castellane, Vicomte de Marseille, la trouva agenouillée sur la tombe de Léonor; tant de vertus inspirèrent à ce poète les chants les plus mélancoliques. Il dota magnifiquement la constante amie et lui fit épouser le seigneur de Bellière, en faveur de qui, pour reconnaître le dévouement de Thérèse, le sire de Fossis se démit de son fief de la ville d'Hyères.

La belle et sage reine Marguerite de Provence, femme de Louis IX, instruite de cette histoire par Béatrix sa mère, qui en avait été le nœud principal, se complaisait à la raconter aux dames de sa cour, tout en blâmant cette passion fantastique et leur recommandait dans le langage naïf de l'époque:

De ne jamais éprouver celui qu'elles aimaient.

RÈGNE DE LOUIS XV.

(Année 1744 et 1762.)

L'ordonnance du Roi et les femmes galantes.

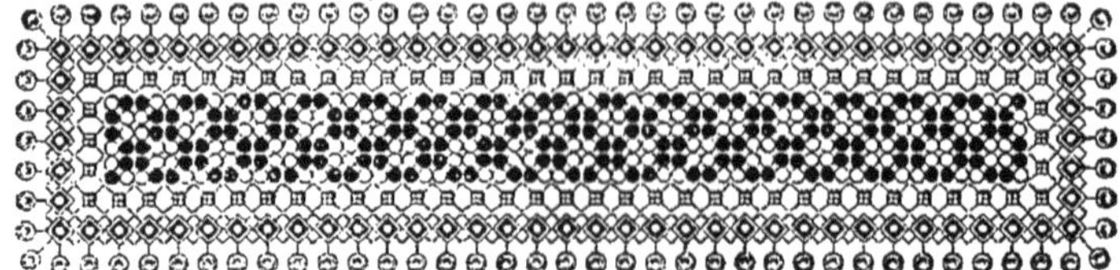

Une armée sans passe-droits en vaut dix.
FREDERIC II.

Le Seigneur rendra chauve la tête des filles de Sion.
ISAÏE.

Y pensez-vous, sire ? comment les *guerriers* et les *politiques* ne sont que les marionettes de la Providence !

— Oui, mon cher Voltaire, rien de plus, disait un jour le philosophe de Sans-Souci au philosophe de Ferney.

— Votre majesté avouera que son bisaïeul, l'électeur de Brandebourg, surnommé aussi le *Grand*, a au moins bien aidé cette Providence, lorsqu'il fit refleurir ses états avec une poignée d'hommes, et qu'il jeta les premiers fondements du royaume de Prusse qu'on a vu depuis faire trembler l'Europe.

Voltaire avait raison ; nous pouvons ajouter, sans flatterie, que ce royaume sert encore de modèle aux autres états dans leur organisation militaire.

Louis XV avait reconnu la justesse de l'épigraphe de cette chronique : *Une armée sans passe-droits en vaut dix.*

Bien secondé d'abord par son ministre, M. de Choiseuil, il lui suggéra la réflexion suivante :

— Il y a peut-être plus d'un *Chevert* dans les rangs de nos soldats ; il faut désormais que le mérite arrive sans parchemin, encourageons-le, ce sera aussi un stimulant pour notre jeune noblesse, trop adonnée aux plaisirs, et que les détails de la profession des armes ennuyent.

Sa Majesté fit paraître à ce sujet l'ordonnance la plus libérale qu'on ait vue jusqu'alors, et à quelle époque, grand Dieu ! à une époque où les femmes se couvraient le visage de mouches et de fard, où les hommes sentaient le musc et se barbouillaient le nez de tabac d'Espagne; enfin, à une époque de futilités, de plaisirs, de débauches et de préjugés. Cette ordonnance, qui dépassait de beaucoup le siècle, était digne de l'Empire dans sa sollicitude pour l'armée; elle fut aussi très-largement appliquée par la restauration qui adopta comme gardes-du-corps les *sous-officiers*.

La pénétration de Louis XV, dont l'avis était souvent le meilleur du conseil, avait compris que ce n'est pas le nombre d'hommes qui constitue la force, mais bien les lois et réglements qui les régissent. Il avait eu encore l'idée de faire arriver aux grades supérieurs un certain nombre d'officiers d'infanterie par voie d'examen, et de restreindre de cette façon la faveur, appellée aujourd'hui le *tour* au choix.

La prévision du monarque : que le *pacte de famille* pourrait être tôt ou tard violé, lui fit concevoir l'ordonnance de 1762; elle promettait à la France une armée de héros.

La diplomatie étrangère en fut mécontente; elle voyait déjà l'Europe conquise par une épée qui n'était point encore forgée....

Le comte de Czernichew, ambassadeur de Russie, le marquis de Grimaldi, ambassadeur d'Espagne, le comte de Starhemberg, ambassadeur d'Autriche, que jusqu'alors les plaisirs rapprochaient plus que les affaires, et dont la vie se passait à aller de la *petite maison* à l'Opéra, et de l'Opéra à Versailles, se réunissaient clandestinement chez le bailli de Solar, ministre de Sardaigne, qui habitait un hôtel fort isolé rue d'Enfer. Des représentations habilement combinées en commun eurent l'air d'être adressées séparément par chacun d'eux, dans l'intérêt des idées dominantes, espérant ainsi, atténuer les effets de cette ordonnance, véritable tête de Méduse pour nos diplomates. Mais voyant que les choses n'allaient pas assez vite à leur gré, ils gagnèrent les maîtresses du roi, celles des secrétaires-d'état et celles des premiers commis, les plus influentes de toutes ; les courtisans en crédit ne furent pas oubliés. Aux unes des écrins, à ceux-ci des cordons, et tout rentra dans l'ornière de la routine et du privilége.

Le 10 décembre de la même année, les

bourgeois de Paris furent réveillés par le bruit d'une musique militaire et le son des tambours. Le temps était froid; mais le soleil éclairait ce beau jour. Chacun se mettait à la fenêtre et se demandait ce qu'il y avait de nouveau :

Est-ce l'accouchement de la Dauphine ?

— Pas encore, répondit le bedeau de St-Roch, nous aurions sonné les cloches.

— C'est donc quelque colonel de quinze ans qui fait donner des aubades à Mlle de Camargo, dit un passant.

— Elle est de sang assez noble pour recevoir cet honneur, répond fièrement le jeune comte d'Aranda, chevalier de la légation d'Espagne; il montait dans ce moment les degrés de l'Eglise et allait rejoindre son ambassadrice que trois messes de suite avaient vue prosternée à l'occasion de l'Épiphanie, et s'accuser d'avoir été trop coquette au dernier bal de la cour.

On croyait aussi que cette musique était en réjouissance des nouveaux échevins, M. Poultier, l'honneur du notariat, et M. Le Gras, marchand de draps du roi.

— Ah ! dam ! disait-on dans le quartier, en voilà de la probité en chausses et en pourpoint, ça vous compte plus de cent ans de négoce sans avoir failli. Le grand père s'est établi avec rien, puis est devenu fournisseur de Louis XIV. Le petit-fils vient de prêter de grosses sommes au trésor royal, et sans la moindre usure ; ça ne mange pas les Saints comme ces mauvais dévots qui font banqueroute les mains pleines, et ne donneraient pas un liard à un malheureux.

Le greffier du commissaire ajoutait :

— Les Legras travaillent sans ostentation à leur salut, et vont porter eux-mêmes leurs offrandes au procureur du roi du grand bureau des pauvres, indépendamment de la taxe obligée; aussi Dieu bénit leurs travaux.

—On aurait bien dû, prétendait le généalogiste de la rue Traversière, ennoblir cette famille de préférence à ces imposteurs qui se entent sur de vieux noms éteints pour obtenir des lettres récognitives, et à ces autres sangsues de l'État qu'on a essayé de faire régorger depuis la mort de Monseigneur le Régent; mais elles ont graissé tant de pates, tant de pates! et de si *mignonnes* parmi le nombre, qu'elles en ont été quittes seulement pour quelques mois de leurs revenus.

— Qu'il est bête, ce bon homme, avec son ennoblissement et ses honneurs, se disaient deux philosophes, se donnant le bras et perçant la foule : c'étaient d'Alembert et Duclos qui se rendaient au *petit lever* du comte de St-Florentin, ministre de la maison du roi, pour solliciter le cordon de St-Michel.

MM. Le Tailleur, Le Blanc et Sarrazin,

exempts du guet, faisaient leur tournée; ils ne cessaient de dire : qu'on venait de donner à l'armée le plus grand des encouragements.

— M. le duc de Chevreuse gouverneur de Paris, assuraient-il, permet que les régiments signalent leur gratitude. Ne voyez-vous pas l'ordonnance qu'on affiche au coin de la rue de la Jussienne? Vous tous qui avez des enfants sous les drapeaux du roi, félicitez-vous; ils peuvent maintenant, avec de la conduite et du savoir, devenir officiers.

— Officiers! répétaient dans leur joie les marchands sortis de leur boutique pour se faire répéter cette nouvelle : officiers! mais c'est à ne pas croire, puis la jeunesse ardente de Paris de crier à tue-tête : Vive le Roi! après avoir été lire ce qui suit :

Ordonnance du roi concernant l'infanterie française, du 10 décembre 1762.

. . . .

. . . .

Art. 37. Sa Majesté trouvant convenable au bien de son service que les places de sergents et caporaux ne soient remplies que par des sujets sages, intelligents, sachant lire et écrire, et qui aient le talent, en instruisant les soldats, de s'en faire obéir; son intention est qu'il soit fait par le commandant et le major de chaque régiment, un examen exact des sujets qui remplissent actuellement les places, et que tous ceux qui ne se trouveraient pas avoir les qualités prescrites ci dessus en soient retirés, savoir : les sergents pour être renvoyés, et les caporaux pour entrer dans la classe des appointés, ainsi qu'il sera dit plus bas. Voulant, Sa Majesté, que le commandant et le major choisissent, pour cette fois seulement, les sujets qui seront les plus propres à les remplacer, ainsi que ceux qui devront occuper les places de fourrier que Sa Majesté a jugé à propos de créer dans chaque compagnie.

Art. 38. Sa Majesté voulant en même temps expliquer ses intentions sur la manière dont il sera procédé à l'avenir au choix desdits bas-officiers, elle a réglé que : lorsqu'il vaquera une place de sergent dans une compagnie, les douze plus anciens sergents du régiment s'assembleront avec les porte-drapeaux chez le major pour choisir parmi tous les caporaux du régiment sans avoir aucun égard à l'ancienneté, les trois sujets qu'ils croiront les plus propres à remplir la place vacante. Ils les présenteront au major et au capitaine de la compagnie dans laquelle la place de sergent sera vacante, et, sur le rapport de ces deux officiers, le commandant du régiment nommera celui des trois sujets proposés qui lui paraîtra mériter la préférence.

Art. 39. Lorsqu'il vaquera une place de fourrier, les douze plus anciens fourriers s'assembleront avec le quartier-maître chez le major, pour choisir parmi tous les caporaux du régiment les trois sujets qu'ils croiront les plus propres pour remplir la place vacante : ils les présenteront au major et au capitaine de la compagnie dans laquelle la place de fourrier sera vacante, de la même manière qu'il est expliqué dans l'article précédent pour les sergents.

Art. 40. Pareillement lorsqu'il vaquera une place de caporal, les huit plus anciens caporaux, et les quatre plus anciens sergents du régiment s'assembleront chez le major pour choisir parmi tous les soldats du régiment, trois sujets qu'ils présenteront au major et au capitaine de la compagnie dans laquelle la place de caporal sera vacante, de la même manière qu'il est expliqué dans l'article 38 de la présente ordonnance.

Signé, LOUIS.

A la mort du duc de Choiseuil on a trouvé dans ses papiers cette ordonnance minutée de sa main. Louis XV y avait ajouté de la sienne ces lignes, écrites au crayon :

« Sur trois places de sous-lieutenants va-
» cantes dans le régiment, une sera accordée
» au bas-officier le plus méritant avec double
» solde si sa famille ne pouvait le maintenir
» convenablement dans ce grade.

» Les douze plus anciens sous-lieutenants
» s'assembleront à cet effet chez le colonel
» pour désigner les trois sergents les plus
» aptes à remplir cet emploi, auquel seule
» Sa Majesté nommera. (D) »

Cet article fut trouvé par trop libéral pour

figurer sur l'ordonnance, bien qu'il reçût depuis une partie de son exécution en faveur des officiers qu'on appelait si improprement et si maladroitement *officiers de fortune.*

Il n'y avait pas une heure que l'ordonnance était placardée dans tous les carrefours que le quai de la Ferraille était encombré de jeunes gens qui venaient s'enrôler.

Les racoleurs ne pouvaient suffire. Ils répétaient à haute voix et du plus grand sérieux :

— L'enrôlé pour l'Amérique, une fois débarqué aura double paie. On lui passera une jolie négresse pour faire sa cuisine et un nègre pour nettoyer son fourniment. De riches héritières l'attendent pour faire son bonheur et pour lui donner des enfants qui naîtront gentilshommes ; car la créole, naturellement vaniteuse, préfère l'uniforme au grand chapeau de paille et à la veste de planteur. Voyez nos miliciens ; tous reviennent *sucriers, amidonniers, marchands de bois des Iles, et armateurs*; la fortune leur est des plus favorables dans ce beau pays.

Il n'y a plus que trois feuilles à remplir sur le registre des enrôlements; qui veut partir pour les colonies? Une fois, deux fois, qu'on se dépêche, car dès qu'il sera clos, on n'ajouterait point un homme de plus, donnât-il cent pistoles au roi pour le servir.

Tous ceux qui avaient quelque savoir s'écriaient: moi! moi! Cette foule d'enthousiastes se bousculait les uns les autres, comme si la place devait leur manquer pour apposer leurs signatures. Il y en avait aussi qui ne savaient ni lire ni écrire, et n'en voyaient pas moins cette même fortune leur apparaître, ayant ouï dire que cette déesse favorise plus souvent l'ignorance que le vrai mérite.

Le dernier engagement de cette journée fut ontracté par un bel adolescent dont l'ins truction était assez rare parmi les enfants de sa classe. Sa noire chevelure nouée par un ruban blanc était le signe *du communiant* de cette époque ; il sortait de l'église de St-Méry, où il venait de remplir pieusement l'acte religieux qui a tant d'influence sur notre destinée ; mais la mobilité de son âge lui avait fait perdre un peu de vue les enseignements du prêtre pour les promesses du racoleur; il avait été si exalté par les paroles qu'il venait d'entendre, qu'il avait couru chez ses parents et n'avait pas eu de cesse qu'il n'eût obtenu leur consentement. Son vieil oncle, ancien caporal du génie, décoré des deux épées croisées, sur le plus beau des habits, l'uniforme d'invalide, le présenta et le recommanda à l'un des sergents qui avait fait le plus d'impression sur l'esprit de l'enfant. La mère, de condition pauvre, ne cessa de prier pour l'aîné de sa nombreuse famille ; il devint maréchal de

France, et plusieurs des enrôlés de 1762 moururent généraux des armées républicaines et sénateurs.

Les filles pleurèrent leurs amoureux toute la matinée; le soir ils les firent danser et les larmes se séchèrent. Le vin ne cessa de couler toute la nuit; celui qu'on verse à la santé du roi qu'on aime ne peut faire du mal et n'en cause à personne. La Samaritaine avec ses mille clochettes accompagnait toutes ces joies.

Aucun accident ne troubla cette ivresse. Sa Majesté sourit avec bonheur quand M. de Sartine vint lui annoncer le lendemain matin cette bonne nouvelle; c'est ainsi qu'il appelait *l'absence du mal,* pensée très-philosophique chez un prince déjà depuis longtemps sous l'empire de la mollesse.

Cette ordonnance et plus encore la pensée généreuse de la développer par la suite en établissant dans les corps des écoles régimentaires, d'après un mémoire du comte de Guibert, devint une nouvelle de cour. Louis XV aimait qu'on lui en fît compliment. Aussi en parla-t-on pendant plus d'une semaine et même jusqu'à la toilette des femmes du grand monde; c'était beaucoup alors; il est vrai de dire que plusieurs de ces dames avaient toujours quelques petits protégés qu'elles étaient bien aises de hausser pour les faire arriver à leur niveau. Jusqu'à ce jour on n'avait pas entretenu la beauté de choses aussi sérieuses sous l'atmosphère enivrante de sa poudre blonde; car il faut que l'on sache ce que c'était qu'une *toilette dressée* sous Louis XV.

C'était l'autel des parfums, c'était le trépied sacré où les trois ordres de l'État venaient brûler chaque jour leur grain d'encens (1).

La divinité y paraissait couverte d'une tunique blanche chargée de dentelles et de broderies appelée *peignoir*; on vous initiait à tous les mystères.

L'élégant colonel présentait le bouquet obligé.

Le doucereux abbé, le petit pot de rouge.

Le gros financier, la boîte à mouches, cet arsenal qui faisait feu sur tout le monde.

C'était là que se traitaient les grandes et petites affaires.

L'autel était couvert de brevets d'officiers, de riches prébendes, de recettes générales, de coupons de loges, de madrigaux, de billets de loterie et de billets doux mêlés aux fleurs, aux rubans, aux aigrettes, aux plumes et aux perles, sans oublier ni le roman du jour, ni l'épagneul au collier rose, couché mollement au pied du sanctuaire, sur un coussin de velours à crépines d'or.

Alors les femmes régnaient presque autant que Louis XV; on se dégoûtait tous les jours des orgies de la Régence qui, répandues en Europe, ont peut-être détrôné plus de rois à elles seules que les idées philosophiques. Un véritable sage n'envie point la cour ; mais il s'irrite de ses mœurs, il les stigmatise et donne la première secousse aux trônes ; puis viennent les révolutions qui les renversent.

Une couronne n'affranchit pas des faiblesses humaines ; elle est entourée de tant de séductions ! Faut-il s'étonner que Louis XV se soit conservé pur aussi longtemps.

Savez-vous ce qui composait le petit lever du jeune roi, si bien fait alors, qu'il semblait ne devoir être éveillé que par les amours et les plaisirs ?

C'était le président Hénault, M. de Maupertuis, le duc de Nivernais, M. Duhamel, M. de Vauréale, évêque de Rheims, maître de la *chapelle-musique* qui lui donnait le goût de la mélodie par les concerts qu'il organisait, puis son précepteur, M. de Coëtlosquet, évêque de Limoges, qui ne le quittait pas et lui représentait souvent les ingénieuses exemples d'écriture qu'il avait fait tirer de Massillon et de Fénelon, moins comme on pense, pour former la main de son royal élève que pour former son cœur et orner son esprit.

Parmi ces exemples, celles-ci avaient le plus frappé la précoce raison du prince (6):

« Combien de services oubliés, combien » de favoris de la fortune, sortis tout à coup » du néant, vont de plain pied saisir les pre- » mières portes? Quelle source de dégoût! » on se voit passé sur le corps par des su- » balternes, gens qu'on a vus naître dans le » service et qui n'en savent pas encore assez » même pour obéir.

» La vérité est le premier hommage qu'on » doit aux princes; quiconque les flatte les » trahit: la perfidie qui les trompe est aussi » criminelle que celle qui les détrône.

» Les rois sont faits pour les peuples et » non pas les peuples pour les rois. »

Le prince ne se couchait pas sans avoir appris quelque chose avec de tels hommes. Plus tard, M. Laugier de Beaurecueil lui faisait connaître, chaque jour, les besoins des pauvres, toujours si nombreux dans le faubourg St-Antoine. Quand le cardinal Fleury voyait ce beau front se rembrunir, ce doux regard chargé de mélancolie, il se rappelait les délicieuses paroles de Louis XV au roi de Danemarck qui le complimentait sur sa belle famille :

« J'en ai une bien plus grande, mon frère, » et qui m'est aussi chère ; mais je ne puis » être heureux que quand elle le sera. »

Le premier ministre prenait alors ses ordres, les cassettes s'ouvraient, et quand elles ne pouvaient suffire, la vertueuse Marie Leczinska donnait des concerts pour les pauvres dans sa galerie, vendait une partie de ses bijoux, et les misères étaient soulagées pour un certain temps.

Les courtisans ne s'arrangent pas des vertus des princes; elles ne leur rapportent rien: plus d'intrigues, plus de passe-droits, partant plus de faveurs : les mendiants à talons rouges revendiquaient ce qu'ils disaient leur être dû ; l'honneur de saluer les premiers la personne du monarque.

Ce ne fut pas sans peine que le petit lever fut renouvellé. Les roués de la régence changèrent de masques. La galanterie remplaça la licence; elle plut au jeune roi ; tous les piéges étaient tendus pour qu'il y tombât. Demandait-il des nouvelles de la jolie marquise de Langeac, il se trouvait toujours là quelqu'un qui répondait :

— Ah! Sire, elle est bien malheureuse ; elle ne paraîtra plus à la cour, tant vous lui avez fait d'impression le jour où elle a été présentée. Elle ne veut pas, dit-elle, s'exposer au malheur d'aimer seule.

— Et la comtesse de Grimaldi, que devient-elle?

— Sire, elle va plaider en séparation avec son mari. Jaloux comme un italien et un espagnol réunis, il ne lui pardonne pas d'avoir prononcé plusieurs fois le nom du roi dans son sommeil.

— Et la duchesse de Caylus, pourquoi était-elle rêveuse avant-hier au jeu?

— On dit qu'elle a perdu le repos depuis que le roi l'admet à sa partie; elle veut retourner en Piémont, et préfère l'isolement à un sentiment que ses principes condamnent.

Pauvres femmes! ce serait pourtant dommage qu'elles quittassent la cour, disait déjà le roi avec un soupir.

Cependant quand on lui vantait des beautés qu'il ne connaissait pas et qui avaient toujours toutes les perfections, il demandait: —Sont-elles aussi bien que la reine, sont-elles aussi aimables que ma souveraine? Après avoir dit cela des milliers de fois, il arriva qu'à la mille et unième sa fidélité chancela: nous savons tous, plus ou moins, ce ce que c'est que le *premier pas.* Celui d'un prince aussi séduisant devrait être suivi de beaucoup d'autres...La galanterie s'organisa donc en système; elle voulut être chantée, et *l'art d'aimer* parut: un poëme à ce sujet caractérise parfaitement cette époque.

La folie secouait ses grelots de toutes parts, il s'en glissait dans la boutique comme ailleurs; le plaisir était devenu plus que jamais le grand lien social.

Carpentier, qui martyrisait les jolis pieds de Paris, s'avisa de donner spectacle chez lui et de rivaliser avec Lekain (2). Vous croyez peut-être que l'auditoire se composait des droguistes, des confiseurs, des teinturiers, des marchandes de modes, des lingères, et des coiffeuses du faubourg : point du tout.

Mme Carpentier, en sa qualité de fille d'un commis aux aides et gabelles du nom de Camus, en avait toute l'importance et de plus la prétention du langage. Elle ne voulait pas voir ses pareils et ne recevait que des gens titrés. Le gentilhomme peu connu, eût-il sauvé l'état, n'était pas invité s'il n'était comte ou marquis. Elle n'était pas obligée de savoir que des noms presqu'aussi anciens que les Montmorency ne portaient point de titres, elle n'avait pu avoir jusqu'alors que des célébrités théâtrales et des femmes galantes ; ce qui lui attirait les seigneurs les plus élégants de la cour.

Le jour où le duc de Chartres arriva chez elle en voiture à six chevaux, précédé de son coureur tout empanaché et couvert de galons et de rubans, la pauvre cordonnière se trouva mal à mourir, de vanité. Il fallut couper les lacets qui maintenaient une quantité si prodigieuse d'embonpoint qu'on croyait que c'était une infirmité. Les dames qui composaient la maison de la dauphine voulaient absolument assister, une fois au moins, au spectacle du cordonnier dont on leur parlait sans cesse comme pour irriter leurs désirs. Elles tinrent conseil chez la plus âgée, qui avait vingt-cinq ans, la comtesse de Tavannes.

On décida qu'on irait toutes ensemble, et qu'au moyen de places réservées, on observerait suffisamment *le decorum*.

Mme Carpentier avait envoyé à chacune de ses nobles pratiques l'invitation suivante sur un papier rose parfumé d'ambre et entouré de cupidons enlacés de guirlandes de fleurs:

« Mme Carpentier, née Camus, aura l'avan-
« tage de recevoir avec le plus sensible plaisir,

« à son spectacle de samedi 20 du courant, « Mme la princesse de Bergues, qui pourra « se faire accompagner d'un cavalier à son « choix.

« Les équipages entreront par la rue Mont- « orgueil, et la livrée se tiendra chez la frui- « tière en face. On s'assemblera après le « sermon de S. Eustache. »

L'envie, qui tient toujours en main la pomme de la discorde pour la jeter au lieu où le plaisir ne la convie pas, faillit faire manquer le spectacle.

Mme Carpentier, le jour de sa fête, se rencontra nez à nez avec Mme Lecomte, ancienne vinaigrière du Régent ; elles faisaient l'une et l'autre leurs provisions de viande, quand la cordonnière s'entend dire avec aigreur : — Grosse mère, il n'y aura donc jamais de places pour vos voisins, lorsque vous donnez la comédie ? vous faites un drôle d'usage de votre argent (c), il faut que les dames de la cour soient bien désœuvrées pour venir respirer une odeur de savates pendant toute une représentation.

Odeur de savates! odeur de savates! s'écrie, en écumant de rage, madame Carpentier. Elle monte moins au nez que ta moutarde, et ne trompe au moins personne comme ton fallacieux vinaigre. Il te sied bien, vieille décharnée que tu es, de venir insulter ma marchandise; la tienne n'aurait pas eu grand débit sans les roués de la régence, et les courtisannes de tous étages.

De son côté, à la double épithète de vieille et de décharnée, madame Lecomte ne se connait plus, et, saisissant avec ses deux mains de squelette un lourd couperet qui était sur le billot, elle allait en frapper la cordonnière qui se fit une égide avec son panier, quand l'envieuse voisine fut aussitôt désarmée par le garçon boucher. Mme Carpentier cette fois perdit connaissance; elle reprit ses sens moyennant un verre d'eau qu'on lui jeta au visage et un petit verre d'eau de vie qu'on lui fit avaler. Remise de son effroi, elle n'en reçut pas moins l'essaim brillant qui arriva le soir même et tout aussi paré qu'à un *concert spirituel*. Quoique prévenue de cette bonne fortune, elle ne peut en croire ses yeux : nouvelle attaque de nerfs : elle y était habituée comme Mithridate au poison. Son médecin, le célèbre Petit, ne manquait pas un spectacle. Il arrivait toujours armé d'une lancette, dans la crainte de perdre la maîtresse de la maison. Je donnerais, disait-il, toute ma clientèle pour cette femme-là, tant elle m'amuse !

Le cordonnier, dans le rôle d'Orosmane, était encore plus ridicule que sa femme en grande toilette ; affublé du casque d'un dragon de Belsunce, d'un cadogan pommadé et poudré, et d'une épée de marquis avec un nœud de rubans orné d'une pierre fausse au milieu, il excitait des rires continuels et souvent convulsifs.

On distribuait, dans l'entr'acte, quelques verres de limonade qu'on s'arrachait, tant la chaleur était excessive.

Le vicomte de Narbonne Lara et le comte de Chabrillant s'en disputaient un pour l'offrir, le premier à la marquise de Soucy, le second à Mme Favart. Et, sans la présence d'esprit de cette dernière, un duel s'ensuivait. — Pour mettre ces messieurs d'accord et éviter un malheur, buvons dans le même verre, dit la charmante comédienne ; commencez, je vous prie, madame. Cela fut trouvé de fort bon goût dans cette boutique, devenue le temple de *l'Egalité*, par la présence d'un prince.

Les grotesques époux ajoutaient le dernier fleuron à la couronne du ridicule en se croyant obligés d'aller, quelques jours après, bras dessus, bras dessous, se faire écrire chez les personnes qui étaient venues chez eux; mais ayant leur profession en haute estime depuis qu'ils recevaient si brillante compagnie et d'ailleurs ne se méconnaissant pas, ils s'inscrivaient toujours ainsi:

M. et Mme *Carpentier, cordonniers pour hommes et pour femmes.*

Ne voilà-t-il pas qu'un beau jour un plaisant effaça la qualité; il en résulta un drôle de sens. Melle Arnoul, si plaisante, et à qui le comte de Valence racontait la chose, s'écria: c'est un tour du marquis de Vilette pour se venger de n'avoir pas été invité.

Jamais le peuple athénien ne se montra aussi léger, aussi changeant qu'on l'était à cette époque; il fallait que chaque jour offrît un nouvel aliment à la curiosité. On ne se séparait pas sans projeter une partie pour le lendemain, et rarement voyait-on deux fois la même chose. On courut avec ardeur aux obscénités du singe de Nicolet; et jusqu'aux prudes du parlement voulurent le voir. Ensuite vinrent les comédiens de bois, satire contre les grands théâtres, qui tyrannisaient les petits. Les premiers sujets étaient travestis d'une manière piquante. Puis on quitta tout cela pour aller s'amuser, les larmes aux yeux, au *tremblement de terre de Lisbonne*, composé par le perruquier *André*, créateur du mélodrame en France.

Pour vous délasser de ces divertissements, les Petites Maisons étaient ouvertes devant vous; Piron à toute extrémité, faisait faire antichambre à *l'extrême-onction*, afin d'avoir le temps de composer cette épigramme contre Voltaire, qui venait de donner le baptême à un navire :

> Si j'avais un vaisseau qui se nommât Voltaire,
> Sous un auspice heureux j'en ferais un corsaire.

Le bourreau brûlait en effigie le chevalier de La Barre, accusé cause de sacrilège commis étant ivre.

De jeunes filles délirantes de religion allaient s'étendre sur la tombe du diacre *Pâris*, et demandaient le supplice comme le voluptueux demande le plaisir, tandisque des jeunes gens appelés *secouristes* les frappaient à grands coups de poing, et même à grands coups de bûches sur le dos, sur la poitrine et sur le ventre; à quoi ces fanatiques répondaient: ah! que cela est bon, que cela fait de bien, mon frère, mon cher frère, redoublez encore si vos forces vous le permettent.

Mme Geoffrin donnait des culottes aux savants, et payait les dettes d'un roi (3).

Des gentilshommes se donnaient la mort, s'ils ne pouvaient faire leurs *preuves*; pour monter dans les carrosses du Roi.

Les filles de bonnes maisons quittaient leurs familles par amour pour la danse, telles que Mlle de Crouzal, et avant elle Mlle de Camargo.

Le théâtre français fournissait de grandes

dames, et des vertus qui ne voulaient pas le devenir : car une des demoiselles Quinault épousait le duc de Nivernais, père du fabuliste de ce nom, et Melle Doligny refusait d'être présidente au parlement.

Le jeune Roi échappait souvent à la volupté qui l'entourait d'un réseau, aimant à laisser après lui des souvenirs de sagesse et de science. Il faisait brûler les livres qui tournaient la religion en ridicule; il minutait déjà son ordonnance de 1762 sur l'armée, et composait un ouvrage qui n'est pas sans mérite et qu'on consulte encore ; il est intitulé : *Cours des principales rivières de l'Europe.*

De cette époque à celle où nous allons arriver il se passa de longues années, durant lesquelles Louis XV cessa d'être l'amour du peuple, parceque ce peuple était témoin d'une vie de scandale qu'il ne trouvait pas assez rachetée par des pensées généreuses qui venaient cependant la brillanter de temps à autres, comme ces météores qui apparaissent au dessus des marais fangeux. C'est en sortant des bras de la Dubarri pour se plonger dans les impurs délices du parc aux cerfs que le roi donnait mission à un jeune économiste, le comte d'Esserville, capitaine au régiment de Tourraine, de visiter avec soin les *communes* du Royaume, et dedistribuer par portions égales entre les habitants, et à titre de propriétés, les terres restées en friches, afin d'encourager l'agriculture, et de mettre un terme à des misères qui avaient encore de l'écho dans le cœur du monarque. Il se reprochait souvent de s'être laissé surprendre *des lettres de cachet*, et d'en avoir fait usage envers l'homme d'état qui osa le premier faire entendre sa voix contre cette odieuse inquisition. A ce trait courageux le faible roi citait aussi le désintéressement du même ministre qui s'était noblement enveloppé dans le manteau de la disgrâce et avait refusé la pension de vingt mille francs, pour en doter les pauvres hospitalières de la Roquette, rue St.-Antoine, et celles de Saint Gervais. M Amelot fut vite oublié; car les courtisans ont intérêt à chasser de la mémoire des princes les actions généreuses (9) Les flatteurs de Louis XV continuèrent à lui vanter ses avantages personnels. Ils lui disaient entr'autres choses : —*Que le temps laissait moins de traces sur sa personne que sur eux tous*, et lui persuadaient par là qu'il était à soixante ans, l'homme le plus beau de la cour et le plus séduisant auprès des femmes. Celles-ci mettaient la dernière main à ce philtre empoisonné, et à force de l'en abreuver, elles altéraient sa santé, et avaient fait naître en son cœur un dégoût qui lui rendait le souvenir de ses jeunes amours et plus regrettables et plus chers.

Un coffret contenant des lettres s'ouvrait chaque soir depuis quelque temps et venait charmer une mélancolie dont la bonne reine s'alarmait, malgré les efforts du roi pour n'en rien laisser paraître. On rassembla, sur l'insistance de Marie Lezinska, la Faculté. M. de Sartine, le spirituel M. de Sartine, désira être admis à la consultation, parceque tout le regardait, disait-il. Les docteurs déraisonnèrent comme de coutume, sur les moyens curatifs : voyant qu'ils n'étaient pas d'accord, le lieutenant de police, propose de distraire le monarque blasé par quelques chapitres du *livre rouge*. Je vous le garantis, y a là dedans de quoi donner de la gaîté à qui n'en aurait jamais eu. La proposition fut accueillie à l'unanimité avec espérance d'un bon résultat. Le lendemain matin, M. de Sartine commença, au chevet du lit de Sa Majesté, la lecture suivante :

« La femme du Quartinier de la rue des « Bourdonnais vole son mari pour entretenir « *Bellroese*, ce beau sergent des gardes fran-

« çaises, à qui on est surpris de voir un élé-
« gant phaéton attelé d'un cheval de prix.»

« Le comte de R. . . a fait changer, la se-
« maine dernière, les diamants de sa femme
« contre des pierres fausses, pour donner les
« véritables à Mademoiselle Peslin de l'Opéra.
« Vite elle les a vendus pour aller à Long-
« champs dans un équipage neuf, et a donné
« le reste à Dauberval, le danseur, qui la bat
« comme plâtre quoiqu'il l'aime passionné-
« ment.

« Madame de M . ., Conseillière au parle-
« ment, que le curé de Saint-Paul proclame
« une sainte, est allé cacher une faute au
« village du Pallet en Bretagne, où est né
« Abailard ; cette nouvelle Héloïse est avec
« son consolateur, le vicomte de N.., qu'elle
« doit épouser après le deuil du mari.

« Mademoiselle de V. ., la chanoinesse,
« donne sa main au marchand de soie de la
« cour : il met un demi million à ses pieds.

« Elle le ramasse à la condition qu'elle gar-
« dera son nom, son titre, ses armes, et que
« le mariage sera tenu secret, et qu'elle fera
« tous les ans un voyage aux eaux. »

Le voyage aux eaux est délicieux, dit le roi, dont le visage s'animait à chaque historiette.

« Le comte de F. et la marquise de L. sont
« également épris du chevalier d'Eon ;
« continue M. de Sartine ; ils le croient
« réciproquement de sexe différent, et lui
« écrivent des lettres brûlantes (4).

« L'un commence ainsi son billet doux :

« Ah ! mademoiselle. quel assemblage de
« séductions! la nature s'est surpassée en
« vous donnant la vie...

« Voila comment l'autre termine son épître :

« Cruel, vous me quittez pour une ambas-
« sade, moi qui foulerais pour vous une cou-
« ronne. Le jour de votre départ sera celui
« de ma mort. »

Un clerc de la basoche a été trouvé enfer-« mé dans une armoire à confitures, chez la « présidente de Guébriant; c'était l'amoureux « et le cousin de la soubrette: il était espionné « par la femme de son procureur qui est venu « le réclamer comme son bien propre. Le cui-« sinier, amant malheureux, ne voulait lais-« ser sortir son rival de l'hôtel qu'après l'a-« voir mis à la broche : sans le commissaire, » arrivé à tems, ce crime burlesque allait « être consommé. »

Le roi de rire aux larmes, et de dire à son lieutenant de police :

—Vous êtes l'homme le plus utile et le plus amusant du royaume : mais est-il vrai que vous sachiez aussi ce qui se passe dans mon plus intime intérieur ?

—Il le faut bien. Déja la vie de Sa Majesté a été en danger : nous avons étouffé cela par des considérations de haute politique ; et si je ne suis pas assez habile pour surprendre jusqu'aux secrets du roi, je cesse d'être la sentinelle qui veille sur les marches du trône. Pour moi nul mystère.

—Excepté cependant ce que j'ai lu hier au soir, dit Louis XV.

Pas plus cela qu'autre chose, Sire; c'est ainsi que je comprends l'importance de ma charge; je sais tout, absolument tout, sans compromettre jamais en rien le nom de mon Maître.

C'est trop fort, cela, mon cher Sartine; j'étais seul, absolument seul, et enfermé dans mon cabinet.

— Sa Majesté veut-elle que je lui lise la lettre qu'elle a adressée dans les tems à la duchesse de Châteauroux, et que cette dame lui a renvoyée avec beaucoup d'autres, craignant qu'on ne voulût pas respecter sa dernière volonté, qui était qu'on l'enterrât avec ces précieuses marques de tendresse (6).

Le roi le regarda fixement et lui dit :

— Ah ! s'il en est ainsi, je vous nomme sécrétaire d'état au département que vous préférerez.

Sire, le portefeuille de la marine, s'il vous plait ?

M. de Sartine tira un petit morceau de papier de sa veste, et le lut :

Chère Marie,

« L'excellente reine, inquiète sur la lenteur de ma convalescence, a voulu absolument une consultation. Toute la science humaine ne peut rien à mon état. Celui où vous êtes vous-même depuis mon retour de Metz, par la joie qu'il vous a causée, me tue ; il devrait flatter ma vanité de prince si j'en avais davantage que de véritable amour ; au lieu de cela, je suis le plus infortuné des hommes de vous savoir souffrante et loin de moi.

« J'espère beaucoup du printemps prochain.

La reine voudra bien nous céder votre personne ; l'air de Marly vous remettra. Les fées viendront à mon aide pour vous distraire ; vos amis et moi, nous vous soignerons ; le meilleur de tous, celui à qui nous devons notre bonheur, ce cher Richelieu, ne vous quittera pas, et pour qu'il vive encore plus dans notre intimité, je vous envoie sa nomination de premier gentilhomme de la chambre que vous lui remettrez vous-même, à condition que vous ne lui laisserez pas baiser la main qui la lui présentera ; car je deviens jaloux, je vous jure, moi qui ne l'avais jamais été.

« Je m'intéresse de plus en plus à M. Laugier de Beaurecueil depuis que ses entetriens évangéliques ont versé dans votre âme de douces consolations, je pense à lui pour un évêché, mais il est si modeste, si modeste! que je ne serais pas surpris qu'il le refusât. Ménagez-vous, mon bel ange, je vous le demande en grâce.

« Je baise vos belles mains, et de préférence pendant la fièvre ; je prie pour qu'elle cesse (6).

« Louis. »

—Je tombe de mon haut, dit le roi ; mais comment...

S. M. en saura demain davantage ; je n'ai que le tems de me rendre au Châtelet pour prévenir un crime.

Dans ce moment, le comte de Duras vient annoncer la visite du roi de Danemarck.

L'arrivée de ce monarque et l'état désespéré du comédien Molé occupaient toutes les femmes.

Les Laïs surtout voulaient être remarquées du prince (7).

Mademoiselle Hus lui envoie son portrait en Erigone; une autre va au-devant de lui à quatre chevaux et à la livrée d'un duc et pair, ou d'un ambassadeur ; une troisième vêtue en amazone et coiffée d'un chapeau à plumes relevé sur le côté, caracole avec grâce non loin de la portière.

Quatre autres enfin, réunies dans une calèche formant corbeille, sont comme autant de fleurs qui embaument l'air et doivent enivrer le monarque qui eut cependant la force de quitter Paris sans avoir trahi la foi conjugale.

Les grandes dames, de leur côté, soignaient leur acteur chéri ; les laquais se heurtaient, se croisaient pour s'informer de son état. A sa convalescence, les vins les plus exquis devaient être déposés chez lui ; mais ces drôles les avaient échangés contre des liqueurs de cabaret, et le pauvre Molé ne trouva plus que des ratafias de crocheteurs pour reprendre ses forces.

Le prince danois semblait avoir été élevé à la cour de Versailles. Il était plein de grâce, d'esprit et d'à propos. Le roi lui demanda au cercle quel âge il donnait à Mme de Flavacourt.

—Mais, trente ans au plus; elle est bien jolie !

Louis XV, s'approchant de son oreille: Cinquante ans, tous les jeunes gens en sont fous.....

—Cela prouve qu'on ne veillit pas à la cour de votre Majesté, répond le prince.

Un jour qu'on lui criait dans la rue: *Vive le roi !* il fait arrêter sa voiture:

– Il se porte à ravir, mes amis, je le quitte à l'instant, il vient de diminuer la taxe du pain et veut vous faire élever des greniers d'abondance.

La duchesse de Mazarin donna au monarque du nord une fête superbe où madame Larrivée, de l'Opéra, représentait la bohémienne de la comédie des *trois cousines* et lui chanta les vers composés par Champfort, que Bachaumont dans ses mémoires secrets attribue faussement à la marquise de Coaslin, et de plus comme ayant été chantés par elle à cette réunion. Voici le récitatif dont ne parle pas Bachaumont et que je possède dans mes autographes.

Pour connaître le sort du maître des humains,
Mon art ne m'est point nécessaire.
C'est sur le front des rois que je lis leurs destins,
L'oracle est infaillible, et mon art doit se taire.
Le seul aspect d'un jeune roi
M'a de son avenir dévoilé le mystère :
Son sort est d'être heureux, d'être aimable et de plaire,
Et tous les cœurs l'ont prédit avant moi.

ARIETTE.

Peuple, à qui sa présence est chère,
Dans ces lieux retenez ses pas :
Un roi qu'on aime et qu'on révère
A des sujets en tous climats;
Il a beau parcourir la terre,
Il ne sort point de ses états.

Les fêtes de ces nouvelles Armides qui s'étaient reproduites pour l'enchanter, reparurent sous d'autres formes, lorsqu'arriva l'ambassadeur de Maroc : il passait par Paris pour se rendre en Hollande. Il fut aussi très-accueilli : il était jeune et beau, savant et spirituel; il parlait plusieurs langues, il jouait tous les jeux, et était si fort sur celui du mouchoir qu'il le jetait comme on jette un volant : il était tout surpris de rencontrer des femmes qui ne voulaient pas le ramasser, et demandait naïvement au nonce du pape si les romaines ne se mouchaient pas plus que les françaises.

La cour devint triste cependant : les fortunes avaient été dérangées par le système du mystificateur Law, et par la dernière campagne, malgré tout l'argent que le roi avait donné à beaucoup d'officiers. On ne trouvait plus à emprunter; les contraintes par corps couraient les rues, et les Seigneurs ne sortaient qu'après le soleil couché.

Ils se réunirent chez le comte de Fitz-James, pour passer en revue les héritières disponibles, et de préférence aux filles de qualité, les filles des *Traitans*, beaucoup plus riches qu'elles, et que renfermait l'abbaye de Bonsecours si bien nommée pour la circonstance.

Ce couvent était justement situé dans le même faubourg où les épouseurs possédaient les *Petites-Maisons*, qui ajoutaient à leur ruine (8).

Ils avaient dans la place des intelligences savamment ménagées; car l'abbesse Mme du Saillant et plusieurs religieuses se trouvaient être parentes de quelques-uns d'entre eux. Ils achevaient les portraits suivants des pensionnaires à marier quand le duc de Chartres se fit annoncer chez le comte de Fitz-James:

— Clorinde a les ridicules de sa mère sans être moins rousse qu'elle, disait l'un;

--Lucrèce a la stupidité de son père, et louche d'un œil, disait un autre.

— Félicité prête déjà à la petite semaine

à ses compagnes, et deviendra aussi avare que notre usurier de la rue Beaubourg, ajoutait un troisième.

— Céleste est pédante et parle du nez, assurait le marquis de Montmort.

Olympe était une petite bossue qui marchait sur des pieds de commissionnaire, et dont les bras touchaient ses rotules quand elle se tenait debout; mais elle était encore plus dorée que ses autres compagnes. On parlait de deux millions de dot et d'un trousseau de cinquante mille écus; aussitôt elle fut proclamée la plus belle et tirée au sort par les aimables fous, avec parole de ne point aller sur les brisées de l'ami à qui elle serait échue, et de l'aider de tout leur pouvoir, et cela depuis l'échelle de corde, jusqu'au mariage clandestin.

On apporta sur-le-champ un cornet et des dés.

Le comte de Beaumont fut le seul qui ne

tenta point la fortune, parce qu'il était à la veille d'épouser par amour la plus belle personne de Paris et qu'il venait d'hériter d'un vieil, oncle évêque *in partibus*, dont les économies se fondaient, malgré les fiançailles du neveu, dans le *grand creuset* de l'Opéra. Il avait fait accroire au moribond que cet argent se dépensait en manuscrits et en tableaux, et qu'il ne tenait table que pour des savants et des artistes. Ce neveu venait tout récemment encore d'emprunter vingt mille écus sur le cabinet de physique et la riche bibliothèque de l'abbé mitré. Les jeunes seigneurs s'ingéraient à qui mieux mieux afin de se procurer les moyens nécessaires de paraître convenablement devant les familles dont ils recherchaient l'alliance, quand le duc de Chartres, voulant faire diversion à leurs tourments, les invita tous pour le surlendemain.

Il y eut à ce sujet un dîner intitulé : *le*

dîner des veuves. Bachaumont n'en dit que quelques mots décolorés, et se tait sur une foule de jolis détails que me racontait M. de Beaurecueil à ses amis.

Commençons par l'invitation ainsi conçue:

« Vous êtes prié d'assister au service et » enterrement des Amours, qui auront lieu le » 30 août. On se réunira vers trois heures » à la maison mortuaire, faubourg Saint- » Antoine. L'Hymen conduira le deuil. »

Les maîtresses de chacun de ces messieurs étaient présentes ; on simulait des adieux éternels. Hommes et femmes étaient en grand deuil ; la salle du festin était tendue de noir ; partout des Amours attristés et des flambeaux éteints; une pâle effigie de l'Hymen était placée dans une niche entourée de pavots. De jolies figurantes couronnées de cyprès et vêtues en pleureuses, comme dans le bas-relief antique représentant de jeunes filles conduites par Electre et portant des offrandes au tombeau d'Agamemnon; celles-ci brûlaient des parfums sur un autel en forme de cercueil où étaient écrits ces mots :

A LA RÉFORME, LES AMOURS EN PLEURS.

On lisait, en entrant, cette sentence du réfectoire *du couvent de la Trappe* :

« Songeons à la nourriture de l'âme plutôt « qu'à celle du corps. »

Cela n'empêchait pas que la table ne fût couverte des mets les plus exquis, des vins les plus rares, et que les bouchons de champagne ne laissassent sur le plafond des empreintes de joie. Les boulettes provoquantes commençaient à se croiser, quand une parcelle de pain entra dans l'œil du comte de Lauraguais; vite, la gracieuse Peslin avec un souffle délicat et ses petits doigts de rose, soulagea le galant seigneur, qui le lendemain lui envoya deux superbes chevaux qu'on a longtemps appelés, dans les coulisses, *l'attelage de la boulette.*

Les abbés de Voisenon et de Lattaignant n'avaient osé se joindre aux convives; mais ils étaient présents dans les couplets qu'ils avaient envoyés. Ils furent chantés par les deux plus belles filles des chœurs de l'Opéra, qui occupaient les deux extrémités de la table; elles étaient seules couronnées de fleurs et habillées en prêtresses de Vénus, c'est-à-dire avec le moins de gaze possible.

Les femmes placées d'un côté et les hommes en face, figuraient un sacrifice, image d'une prochaine séparation. Voici le nom des convives : Mesdemoiselles Arnould, Salé, Henel, Duprat, Grandi, Peslin, Allard, Gardel, Goslin, et Mimi, toutes de l'Opéra. Cette dernière était à peine regardée par les autres sujets parcequ'elle n'était que *doublure*, mais son beau visage la faisait marcher de front avec ses rivales. Les hommes étaient: MM. le Duc de Chartres, de Soubise, de Lauraguais, de Genlis, de Valence, de Saint-Chamans, de Beaumont, de Fitz-James, de Courtomer, et de Bougainville. Ce jeune marin avait ramené de l'Inde une charmante esclave qui, n'ayant pu faire partager son amour à un beau missionnaire français, chargé de la convertir, avait quitté Calcutta en disant qu'elle ne voulait pas d'une religion qui lui défendait d'aimer un *bramine*; de ce moment elle s'était vouée à la virginité, et avait voulu tuer un valet de chambre de son maître, qui avait tenté de lui faire violence. M. de Bougainville intervint, et menaça de la renvoyer à fond de cale et de faire pendre le ravisseur à une vergue, si pareille scène se renouvelait. On avait tout fait pour corrompre la belle insulaire; elle avait refusé autant *d'or* qu'on en peut offrir à une femme cuivrée; elle disait à ce sujet et avec mépris:

« Que ce métal n'était bon qu'à labourer la terre et qu'on le faisait servir à cet usage dans son pays; que quant à elle, il fallait autre chose pour faire battre son cœur.

Cette jeune fille, vêtue à l'indienne, coiffée d'un turban, couverte de perles, de coraux et d'ambre, et dont la taille élégante prise dans une ceinture de mousseline brodée en argent était ornée d'un riche poignard, jetait beaucoup de pittoresque et feisait sensation partout où elle paraissait. Le capitaine de vaisseau en donnait volontiers le spectacle à ses amis; il s'était fait servir par sa Bayadère, au *dîner des veuves*. Elle fut très-admirée des hommes ; mais un d'eux, le comte de Beaumont, ne voulant pas croire même à une vertu d'un nouveau monde, voulut embrasser *Zulime* et lui offrir un superbe rubis ; aussitôt le repoussant d'une main, et mettant l'autre sur son cœur, elle lui dit : « Moi, n'aurais permis

» cela qu'à mon bramine d'Europe, moi,
» n'être pas comme vos blanches, qu'on ca-
» resse avec des cadeaux depuis le lever de
» *Brahma* jusqu'au soir, et qui se laissent en-
» core regarder nues par les yeux de topaze
» de la nuit. »

Les convives se divertirent beaucoup de la morale de l'esclave; elle contrastait d'une manière piquante avec les propos d'orgie des filles d'opéra. Zulime allait l'emporter sur les courtisanes, quand celles-ci, pour rompre le charme, entonnèrent des chansons bachiques, avec accompagnement de Serpent, sur des airs d'église; c'était quelque chose digne de Faust. Le bruit qui augmentait, avec des éclats de rire sans fin, causait déjà du scandale dans un voisinage peu habitué à entendre une musique religieuse sortir d'un lieu profane.

Le peuple qui n'aime pas les joies du riche demanda du pain et troubla les chants.

On eut l'imprudence d'envoyer la livrée pour l'apaiser, elle fut battue; le guet, passant dans ce moment, voulut arrêter les laquais qui avaient été insolents. Leurs jeunes maîtres, dans une demi-ivresse, allaient mettre l'épée à la main et les dégager, quand un beau vieillard revêtu du costume ecclésiastique, se présente au nom du Roi :

— Messieurs, je suis gentilhomme comme vous, comme vous j'ai servi et j'ai appartenu au monde mais plus heureux que vous, ses mécomptes, ses déceptions me l'ont fait quitter pour ne plus songer qu'au royaume du Christ. Sa Majesté sait ce qui se passe ici, et m'autorise à vous demander quelques secours pour des malheureux ouvriers restés sans ouvrage par suite de l'incendie de plusieurs manufactures de ce faubourg. La misère est si grande que je prélève, à cet effet, une somme assez forte sur la petite dot que je fais à ma nièce, promise en mariage à l'un de vous, que j'étais loin, par parenthèse, de m'attendre à rencontrer ici; je considère la présence de M. de Beaumont, parmi vous, comme des adieux véritables qu'il fait à des plaisirs qu'il ne doit plus rechercher. »

Ce prétendu un peu interdit ne savait quelle contenance tenir; puis M. de Beaurecueil, s'adressant à ces demoiselles avec une dignité tout aimable :

— Mesdames, vous savez que l'aumône rachète bien des fautes et qu'il est toujours bon de les effacer, dans toutes les conditions de la vie.

Ce discours fit merveille sur l'auditoire; les pauvres filles donnèrent ce qu'elles avaient de plus précieux sur elles, bonbonnières, étuis d'or, bourses bien garnies; elles auraient été jusqu'aux diamants si elles en avaient eus ; mais elles étaient en costume de veuves..., costume qu'elles avaient pris soin de rendre aussi élégant que possible : les plumes noires et les scabieuses se mêlaient à leur chevelure légèrement poudrée à la maréchale; des garnitures de jais et de perles ornaient leurs robes ett rois rangs de dentelle composaient leurs manchettes.

Mimi, la simple figurante, se montra plus magnifique que toute l'assemblée et plus ingénieuse dans la manière d'exercer la charité; elle écrivit au crayon les mots suivants au bas d'un distique amoureux qui s'échappait d'un biscuit et qu'elle adressa à son banquier.

— *Bon pour trois mille livres payables à vue.* *Mimi Cadette.*

Ce 1er mai 1762.

Elle remit timidement cette devise au curé de Sainte-Marguerite, qui lui baisa la main avec respect et lui dit : qu'elle travaillait plus qu'elle ne croyait à son salut, et que les bénédictions du pauvre en élargissaient la voie.

Le prince de Soubise pleura d'attendrissement, comme il fit plus tard quand sa maîtresse donna pareille somme lors de l'hiver de 1768. L'église moderne, moins rigide que l'ancienne, sur le gain des courtisanes, ne refusa pas l'aumône de la danseuse; elle a reconnu que la charité est une flamme sacrée qui épure tout.

Les hommes firent de leur mieux : indépendamment de l'argent dont ils pouvaient disposer à l'instant, les tabatières, les montres et les flacons furent offerts à l'ancien officier de carabiniers pour ses pauvres. Le duc de Chartres donna, en guise d'expiation, jusqu'à la vaisselle plate qui avait servi à ce dîner. Quand M. Laugier de Beaurecueil sortit de la *petite maison*, il fut accueilli par le peuple aux cris de : Vive Mgr le duc de Chartres ! vive notre digne curé ! Le prince et le pasteur venaient de faire une bonne action. L'un marcha toujours dans le vrai chemin; l'autre, pour s'en être écarté, y laissa la vie. Le prêtre centenaire en 93, mourut tranquille dans son lit, ayant toujours préféré le titre modeste de curé à celui d'évêque.

RÈGNE DE CHARLEMAGNE.

Année 792.

Une Fille d'Empereur.

Le feu de ses regards et la mobilité de sa physionomie apprenaient en même tems que ce beau corps, si bien développé, renfermait une nature aussi puissante au moral qu'au physique, et que l'âme devait être aussi énergique que les formes qui la recouvraient.

Mme Ancelot.

ilencieux monastère de *Laurensheim*, tu n'es qu'un point dans l'espace; mais la lumière en a jailli sur le monde savant, tes religieux sont morts en défendant tes saintes reliques de la dévastation des barbares, et tu as été doté par l'ami de Charlemagne. Le froc, qui n'est pas toujours ingrat, a consacré sa reconnaissance dans une chronique où il nous fait connaître les amours et la gloire, les chagrins et la mort de son bienfaiteur.

Muses, que les combats effraient et qui polissez dans la paix les armes du conquérant, vous aviez appris votre culte à ce prince ; il vous consacrait l'hiver, pour lui cette saison était sans frimas ; et pendant que vous le réchauffiez au feu céleste, la victoire fatiguée prenait quelque repos ; elle se délassait à élever des remparts, à percer des routes, à défricher des terres, tandis qu'il était enfermé avec Alcuin (1), Pierre de Pise et Paul Diacre qui lui enseignaient les belles-lettres et les langues; tous trois régnaient dans le palais. Charlemagne, écolier docile, distribuait ses heures selon la commodité de chacun d'eux.

Le maître du monde, s'humiliant devant la science, avait donné un grand essor à la civilisation. Ce roi, dont les progrès tenaient du prodige, ne tarda pas à s'apercevoir qu'il avait dépassé de beaucoup le clergé de son temps; peu satisfait du style des évêques et des abbés avec lesquels il correspondait, il leur expédia cette circulaire, dans laquelle il leur remontre :

« Qu'il ne suffit pas de plaire à Dieu en » vivant chrétiennement; qu'il faut encore » s'appliquer à bien parler et à bien écrire, afin » d'être capable d'entendre les divines écri» tures et de les expliquer clairement aux » autres (2). »

Plus tard, s'étant aperçu que les enfants du peuple qu'il faisait élever avec ceux des grands faisaient plus de progrès que ces derniers, il arrêta que les évêchés et les abbayes seraient réservés aux premiers, et avait adressé aux enfants du riche ces paroles remarquables pour l'époque :

« Vous comptez sur le mérite de vos an-
» cêtres ; mais ils ont reçu leur récompense,
» et l'état ne doit rien qu'à ceux qui peuvent
» le servir et l'honorer par leurs talents. »

Il égala presque les savants qu'il avait attirés à sa cour; tous reconnaissaient que son élocution était plus facile et plus élégante que la leur ; son application à devenir le souverain le plus lettré du monde, en même temps qu'il en était le plus puissant, avait encore une autre cause que celle d'éclairer son siècle.

L'amour était devenu l'aiguillon qui l'excitait à étudier souvent pendant la nuit les questions philosophiques et religieuses les plus abstraites pour en entretenir à son réveil les rhéteurs et les théologiens admis à le saluer les premiers; étonnés d'une dialectique aussi serrée, ils se regardaient souvent avec surprise et s'avouaient vaincus : c'était pour Charlemagne la plus belle conquête.

Il avait voulu que le bruit de son savoir arrivât jusqu'à la princesse Irène, dont la beauté et l'esprit le préoccupaient tellement qu'il la demanda en mariage, aussitôt qu'il fut veuf de Lutgarde, sa cinquième femme.

Irène, une fois certaine de la passion du roi, conçoit l'idée d'unir son sceptre à celui d'Occident ; car déjà les limites d'Orient paraissaient étroites à son ambition; mais des obstacles étant venus calmer cette fièvre, elle ne pensa plus alors qu'à donner des espérances au conquérant pour l'empêcher d'envahir ses états; on sait que rien n'irrite l'amour comme les difficultés. Charlemagne, qui avait triomphé de toutes en mettant les peuples sous sa loi, était devenu l'esclave d'une femme qu'il ne connaissait pas, et qu'il savait être un assemblage bizarre de vices et de vertus; les crimes même dont elles s'entacha plus tard en empoisonnant son premier mari et en faisant assassiner son propre fils, ne diminuait rien de cette fatale passion que Charles essaya d'affaiblir par la piété, qui fut cette fois tout à fait impuissante chez ce prince ordinairement si maître de lui. A côté de cette ardeur bizarre de l'empereur et de l'amour intéressé d'Irène, venait de naître au sein de sa famille une autre passion que le mystère enveloppait, elle avait grandi autant par la force de l'habitude que par l'attrait de la sympathie.

Eginhard (3) brûlait en secret pour la fille de son maître; Imma le payait de retour, elle ne cherchait pas à combattre ses sentiments; c'était déjà beaucoup de les dissimuler. Cependant, l'idée qu'un cloître pouvait à jamais se fermer sur elle, et qu'un échafaud se dresserait pour son amant, l'avait rendue d'une prudence que plus tard la violence de son amour ne lui permit plus d'observer.

Personne dans le palais ne se doutait de

leurs intelligences ; les soins qu'elle prenait de se rendre agréable à chacun la faisait chérir de tous; née comme son père avec une organisation exceptionnelle, elle savait se mettre à la portée de tous les esprits. Elle exerçait une sorte d'empire par la magie de ce tact, de cette finesse et de cet à propos connus des grands seuls, dans ces temps barbares, et qui faisait d'une femme un être accompli, mais difficile à deviner, même pour l'observateur.

De son côté, Eginhard la dépassait tellement en prudence, que Charlemagne était persuadé que, toute belle qu'était sa fille, jamais son sécrétaire ne s'en serait épris, fût-elle née dans un rang inférieur. Tandis qu'elle, au contraire, avait fini par se composer une familiarité aisée qui cachait encore mieux son secret, et rendait plus délicieux les apartés qu'elle avait avec lui au milieu de toute la cour : l'étude venue à son aide servait admirablement sa tendresse.

Eginhard, toujours plus questionné par Imma que les autres savants, frissonnait de bonheur et de crainte tout à la fois, tant il lui paraissait qu'elle manquait souvent de réserve. Nous nous perdons, princesse! nous nous perdons! disait-il, un jour qu'elle venait de lui arracher la plume des mains, au moment où Charlemagne entrait. Elle dit aussitôt à son père qu'Eginhard paraît trop occupé pour lui tailler des plumes, et qu'elle lui en prend une pour mettre au net les premiers vers qu'elle a composés. Le roi, charmé de ce progrès, lui dit en la baisant au front : « Je ne connais pas encore un prince digne de toi, mon Imma ! »

C'était surtout à son père qu'elle cherchait à plaire, afin de le désarmer plus facilement, si jamais il découvrait son amour. Elle possédait l'art de le captiver; aussi la préférait-il aux quinze enfants qu'il avait eus. Elle était la plus belle de tous et celle qui lui ressemblait davantage.

Tantôt elle lui disait :

— Que je suis heureuse que vous me permettiez de venir vous embrasser, chaque matin, dans ce sanctuaire où vous réglez les destinées du monde. Si je n'étais votre fille, je voudrais être Eginhard, que vous consultez souvent et qui saisit votre pensée sur toute chose.

Une autre fois elle s'écriait en entrant dans ce même cabinet :

— Que je me plais ici! Vous m'y paraissez encore plus grand que sur le trône; mon esprit est frappé des contrastes qui vous entourent.

Là, sur cette table, vos immortelles capitulaires reposant sous les clefs du Saint Sépulcre (4); à côté, cette carte de vos conquêtes, les plans de vos basiliques, tracés de votre main; puis vos discours éloquents, destinés aux jours des conciles; votre livre des évangiles, écrit en lettres d'or, et que vous parcourez religieusement, à votre lever; ce projet colossal de joindre les canaux à la mer; une épître d'Origène aux Romains, corrigée par vous (5); et auprès ces poésies échappées à votre génie, cette musique sacrée qu'il compose comme pour se distraire de ses vastes travaux, et non loin le testament où vous léguez à chacune de nos métropoles une partie de vos trésors pour en faire des aumônes (6).

Jeté-je les yeux sur les parois de cette muraille, je la vois ornée de la magnifique horloge qu'Abdallah vous apporta du fond de la Perse et qui vous fait si bien connaître le prix du temps; j'y vois suspendu l'étendard de Rome la sainte, votre bouclier aux empreintes meurtrières, votre casque à la visière rompue, vos trophées sur les Saxons, à côté de cette épée qui a vaincu tant d'autres peuples, et que vous ne tirez pendant la paix que pour sceller des traités qui maintiennent votre gloire, ou des ordonnances qui prouvent votre sagesse.

Le regard de la jeune princesse s'animait à la description de cette pièce. Son père l'écoutait avec une sorte d'admiration, quand Alcuin, l'illustre Alcuin, venu tout exprès de son abbaye de St-Martin de Tours, entre silencieusement, les bras croisés, chez le roi qu'il regarde pour la première fois sans le saluer, tant il était absorbé ; ses sourcils, plus rapprochés que de coutume, ajoutaient à l'austérité de son visage et à la gravité de son maintien.

« Qu'avez-vous, ami? lui dit Charlemagne, quelle cause vous ramène si sombre vers moi ? Est-ce une nouvelle hérésie qui vient désoler notre religion ?

— Oui, sire, mais celle-là dépasse toutes les autres, et c'est ce qui me consterne; je viens m'en entretenir avec celui que je proclame depuis longtemps un second Salomon;

aidez-moi donc de votre sagesse. On me mande d'Espagne qu'Elipand, évêque de Tolède, fortifié par Félix (7), évêque d'Urgelle, ose qualifier Jésus-Christ, de *fils adoptif du père éternel!* Poussa-t-on plus loin le délire de la scolastique! je vous apporte une première réponse à ces impies; elle est assez orthodoxe, assez foudroyante pour qu'ils se hâtent de venir abjurer à vos pieds une telle doctrine; déjà leurs partisans se forment dans les Asturies et la Galice, et ils ont pour sectaire l'archevêque de Brague.

— Quel scandale! s'écrie Charlemagne d'une voix de Stentor; vous nous lirez ce soir à notre assemblée votre seconde réponse; je vais y convoquer à ce sujet ce que nous avons d'évêques et d'abbés en ce moment réunis à Aix-la-Chapelle: la chose mérite qu'ils soient présents. Espérons que le Saint-Esprit, qui connaît notre zèle pour la foi, nous éclairera de ses lumières et que nous triompherons dans la lutte qui s'engage. Paulin que j'ai élevé au patriarcat d'Aquilée, nous aidera aussi de ses conseils ; car il est plus savant que nous tous sur le dogme, et c'est lui qu'il faudra choisir pour confondre en face les impies.

Il devait y avoir, ce jour-là, académie, création de Charlemagne; chaque membre y prenait un nom de poète ou d'historien ; il s'était donné, comme l'on sait, celui de *David*: chacun y lisait ses œuvres, et la plus grande égalité régnait dans cette assemblée.

Imma, tout occupée d'Eginhard, se retira à l'arrivée d'Alcuin et se rendit à la bibliothèque, sous prétexte d'y copier quelques-unes de ces riches arabesques que l'empereur venait de faire exécuter par des peintres de Byzance pour orner ses plus précieux manuscrits. C'était à une heure où elle était certaine d'y rencontrer Eginhard; il était lui-même effrayé d'un bonheur qui pouvait entraîner leur perte. A chaque préférence qu'Imma lui accordait, il se demandait quelle devait être la fin de cet enchantement, lorsque, se voyant seul avec elle, il se hasarda à lui tenir ce langage, voulant savoir ce qu'il avait à craindre ou à espérer :

—Votre père vous cherche une couronne, princesse ; il a des vues sur le roi des Grecs et c'est moi qu'il daigne choisir pour négocier ce mariage ; approuverez-vous mon zèle dans cette circonstance ?

— Je veux être abbesse comme mes sœurs Théodrade et Hiltrude, répond Imma en le regardant avec amour ; mais je ne puis vous en dire plus long en ce lieu ; vous saurez le reste quand vous sortirez de chez dame Eulalie (8) que l'immortalité de l'âme préoccupe beaucoup, et que vos savants entretiens rassureront. Croyez que la foi lui viendra quand le cœur commencera à lui battre. Venez me trouver ; je disposerai les choses pour que nous ne soyons pas surpris. La fidèle Inkelbade, ma nourrice, sera dans la confidence de cette visite; si par hasard elle entendait le moindre bruit, vous passeriez dans son appartement, il communique au cabinet où je vous recevrai. C'est celui dans lequel vous avez rangé vous-même, avec tant de goût, ces camées antiques, ces médailles des empereurs et ces bronzes romains autour de la jolie statue de mon père (a), à laquelle j'adresserai certaines paroles devant vous. Ce sera notre seul témoin ; à ce soir, Eginhard à ce soir; prenez cette main comme gage de mon estime, en attendant qu'elle porte l'anneau pastoral et qu'elle vous bénisse (9).

Imma, soulagée d'un grand poids, laissa seul son amant. Jamais elle ne lui avait paru aussi belle : il ne restait plus à Eginhard qu'à appeler son bon ange à son secours, tant le mauvais faisait de progrès; car nous en avons deux, et ils sont toujours en guerre.

Il aimait trop Imma pour résister davantage; il s'agissait donc d'être le plus prudent possible dans l'action la plus imprudente. Action qu'il avait du reste méditée bien avant que d'être encouragé par Imma; mais qu'il n'avait pas osé mettre à exécution.

Tout paraissait leur être favorable : Charlemagne était trop occupé avec Alcuin et les évêques pour avoir besoin de son sécrétaire.

Benoît et Théodore, ces deux chantres fameux que le pape lui avait envoyés, venaient d'être ramassés ivres en sortant de célébrer la fête des *Fous* (B), ce qui suspendait l'office du soir, où Charlemagne assistait régulièrement.

Othul (10), comte du palais, avait supprimé les rondes de nuit du côté des princesses, depuis que deux soldats placés en faction à peu de distance l'un de l'autre s'étaient pris de querelle et battus avec tant de violence que tout le quartier des femmes en avait été effrayé. Que dieu les garde maintenant, puisqu'elles ne veulent plus l'être par les hommes, avait dit Charlemagne.

La nuit était sombre et faisait présumer qu'il ne veillerait pas pour consulter les astres.

Eginhard traversa une petite cour qui conduisait à l'escalier dérobé du service des dames ; son trouble était grand à chaque pas qu'il faisait ; il arriva enfin à l'appartement d'Imma, mais si tard qu'elle avait cru que le courage lui avait manqué. Elle se disposait à lui adresser de tendres reproches, quand elle entendit frapper doucement Inkelbade l'introduisit, elle avait reçu de la princesse ces paroles flatteuses :

— Tu es ma seconde mère, ne crains de moi aucune action qui puisse me faire rougir, mais veille sur nous; car les hommes nous croiraient coupables s'ils nous surprenaient.

— « Me voilà, dit l'heureux Eginhard, disposez de moi, je fais dès ce moment le sacrifice de ma vie; un de vos regards vaut mieux qu'elle; donnez-moi cette réponse que vous m'avez promise; elle va sans doute décider de mon sort.

Imma lui prend silencieusement la main qu'elle pose sur son cœur; il battait avec violence, chacun de ses mouvements portait le délire dans celui d'Eginhard, puis elle lui dit:

—Ouvre ce riche coffret couvert de perles et de pierreries; je l'ai choisi le plus précieux du trésor, pour y déposer mon secret; quand tu le connaîtras, les noms d'amie et de sœur sont les seuls que je veux que tu me donnes; en attendant que tu puisses m'en donner un plus cher encore. Fille illégitime d'une esclave, tu peux espérer; je chéris la faute de ma mère qui rapproche nos conditions.

Pour la première fois la tête du pauvre Eginhard s'égara; il couvrit de baisers les deux mains d'Imma, et fut prendre dans le coffret l'écrit que voici, et qu'il contemplait toujours après l'avoir lu.

IMMA A EGINHARD

« A toi seul dans ce monde comme dans « l'autre, près de toi, sur cette terre, comme « dans son sein, quand nous y sommeille- « rons ensemble jusqu'au grand réveil. Que « mon dieu et mon père dont les images sont « ici présentes, reçoivent mon serment, et « m'ôtent la vie s'ils ne veulent bénir notre « amour ».

—Voilà, ajoute Imma, l'usage que je voulais faire de la plume que je t'ai dérobée ce matin: je savais qu'elle t'avait servi pour une bonne action en joignant aux dons de mon père, les pièces d'or que tu envoies à nos chrétiens d'Afrique; la charité est aussi de l'amour, mais elle est plus désintéressée que lui; j'en excepte cependant le mien, Eginhard, puisque je t'aime mille fois plus que moi-même;

élevé avec nous sous les yeux du prince Charles, n'es-tu pas aussi l'ami d'enfance de mes frères? tu as vu croître ma raison sans te douter que tu me la ferais perdre un jour... Donne-moi ce poignard que j'ai placé comme trophée aux pieds de ma vierge ; il a été pris par mon aïeul sur les infidèles; enfonce le dans mon cœur si jamais je me laisse placer une couronne sur la tête.

— Imma, s'adressant ensuite à la statue de Charlemagne :

— Ne m'as-tu pas dit, ô mon roi bien aimé, mon illustre père, que tu ne connaissais pas de prince digne de ma main? Tu as donc deviné qu'Eginhard était pour ta fille au-dessus d'un diadême! Mon orgueil n'est-il pas assez satisfait de le voir associé à toutes tes gloires? C'est moi, moi! qui te demande sa main sans rougir, ni te supplier, comme s'il s'agissait d'un pardon.

Puis, coupant avec le poignard une tresse de ses beaux cheveux d'or :

— Voici pour servir de lien à la foi jurée ! Roule toi-même cet écrit, Eginhard ; mais avant je veux le sceller de mon cachet où l'image du Christ (12) est si bien gravée ; cette bague est la seule que je porte; chef-d'œuvre de l'art Bysentin, elle me vient de ma mère, au doigt de laquelle mon père l'a mise, le jour où elle se fit chrétienne pour partager sa couche.

Les émotions et les extases se confondaient tellement entre ces fortunés amants que les heures, devenues des minutes, les surprirent très avant dans la nuit. La neige, tombée à flots rendait impossible la rentrée d'Eginhard chez lui sans qu'il laissât des traces qui pussent compromettre la princesse. Une terreur soudaine s'empara d'eux, quand Imma, baisant sa bague avec transport, demande au Christ de venir à son aide.

Elle est frappée soudain de l'idée de porter son ami dans ses bras; elle l'assura que l'amour qui double le courage doublera aussi ses forces pour transporter l'espace de quelques pas, ce précieux fardeau.

— Tu n'es grand que de science, cher Eginhard, ton corps délicat me sera léger. L'habitude où je suis d'aller, chaque matin, de bonne heure et en tout temps chez mon père rend très naturelle l'empreinte de mes pas.

—Il fallait donc se soumettre à la nécessité, cette loi suprême et tyrannique.

L'enlèvement est convenu. Le pauvre Eginhard, s'allège de son mieux; il tremble qu'Imma, quoique grande et forte, ne puisse arriver au terme de la course; sa surprise est extrême de voir la jeune fille l'enlever et marcher d'un pas assuré, tout en le serrant étroitement sur sa poitrine. Parvenus à l'entrée de la galerie voisine de l'appartement d'Eginhard, ils s'agenouillent spontanément pour remercier le ciel.

Imma rentre chez elle, en suivant sur la pointe du pied les mêmes traces qu'elle avait laissées sur la neige. Eginhard, enivré de bonheur se jette sur un siége et attend l'heure du lever de Charlemagne, où il devait bientôt revoir la princesse.

L'empereur avait profité de la bise qui s'était adoucie, et de la clarté de la nuit, pour observer de nouveau la planète de Vénus, sous laquelle était née la belle Irène. Le premier objet qu'il aperçoit est Imma portant son amant. Il assemble de suite le conseil privé à l'insu d'Eginhard et demande avis sur ce qu'il devait faire. D'après l'action dont il venait d'être témoin, les membres se divisèrent, les uns pour une peine plus ou moins sévère, ou plus ou moins cruelle, suivant ce qu'ils cherchaient à démêler sur le visage du maître; ceux qui enviaient le plus la fortune d'Eginhard étaient pour la peine de mort.

Meginfried, chambellan de Charlemagne, et le comte Théodoric, ses meilleurs généraux, étaient présents. Ils venaient de soumettre les *Huns* à la suite d'une bataille mémorable et jouissaient de la plus grande faveur. Tous deux, également amis d'Eginhard, feignirent de croire que sa témérité était pure folie et une de celles qui se déclarent le plus vite, qu'il fallait le plaindre au lieu de le châtier, et s'occuper humainement à le faire guérir, persuadés, disaient-ils que, quand il aurait recouvré la raison, il viendrait en personne s'offrir pour victime en expiation de cette faute involontaire, tant il devait avoir en haute estime de la vertu d'Imma. Ils ajoutèrent encore : que la démence a souvent le caractère de la rage, qu'elle se communique, ce qui expliquait l'action de la princesse. Ils conclurent en un mot qu'il ne s'agissait que de deux malades, au lieu de deux criminels et votèrent la grâce.

Charlemagne était impassible durant les débats; mais il savait gré à ses lieutenants du détour ingénieux qu'ils venaient de prendre pour excuser sa fille aux yeux de l'assemblée.

Le pauvre secrétaire laissa paraître un trouble qu'il ne put contenir en entrant chez l'empereur qui venait de quitter son conseil resté toujours en permanence.

— Est-ce que tu aurais lu quelques fâcheuses dépêches, hier au soir, pendant que j'étais à l'académie, lui demanda-t-il?

— Je ne dois pas laisser ignorer à votre Majesté sacrée (13), que la princesse Thédrade, la nouvelle abbesse d'Argenteuil, écrit pour vous demander indulgence en faveur d'une jeune novice nommée Marianne. Au moment de prononcer ses vœux, cette belle fille a été enlevée par le comte Archambauld. Il s'est introduit dans le couvent à force d'or. Werner, le métayer de l'abbaye, a favorisé cette fuite ; il vient d'être arrêté ; madame l'abbesse demande que le seigneur et l'esclave soient punis de mort. Sachant ce qu'un tel arrêt vous coûte toujours, vous m'en voyez encore affecté.

La princesse désire aussi que défense soit faite aux abbés de rester dans son couvent, après y avoir dit la messe, et se plaint de ce que plusieurs des religieuses cherchent des prétextes pour les retenir (14). Elle ne peut en instruire son évêque qui vient de succomber récemment sous les coups d'un asasssin masqué qu'on croit être son héritier.

Tranquillise-toi, je ferai grâce au malheureux que l'on a séduit. Je ne sévirai pas non plus contre la none; car depuis longtemps tu le sais, je veux fixer à vingt-cinq ans l'âge des vœux pour homme et pour femme. Quant au sire Archambauld, c'est différent, et malgré sa parenté avec l'archichancelier, il sera décapité. Si c'était la novice qui l'eût enlevé, dans ses bras, je lui pardonnerais pour la nouveauté du fait; car peut-on rejeter une telle preuve d'amour ? Qu'en penses-tu Eginhard ? lui dit l'empereur d'un ton sévère qu'il n'avait jamais eu avec lui.

Eginhard, ne doutant plus qu'il n'ait été surpris, se jette aux pieds de son maître et lui demande grâce pour Imma, en l'assurant qu'il est seul coupable.

— Ta tête sera tranchée, répond Charlemagne, le bourreau, en la montrant au peuple, fera trois fois le tour de l'échafaud et criera à très-haute voix : « *L'honneur d'Imma est vengé !* »

— Je fais serment, répond avec force Eginhard, que la princesse est sortie pure de notre entrevue ; Inkelbade attestera le fait sur les évangiles.

— Je ne puis le croire, ajoute l'empereur, Imma (car de ce moment elle n'est plus ma fille), finira dans un cachot muré comme les vestales qui ont cessé de l'être ; sa nourrice paiera de la vie son infâme complaisance ; toi, passe dans ma chapelle pour te recueillir et n'en sors que sur mon ordre.

Le premier mouvement d'Eginhard fut de porter la main à son poignard et de se débarrasser de la vie, lorsque la religion lui retient le bras et lui dit d'espérer.

Imma lui succéda chez l'empereur, et demanda timidement à son père : si durant les insomnies auxquelles il était sujet il avait été occupé de quelques-unes de ces grandes pensées qui ajoutaient à l'éclat de son regne.

— Non, ma fille, pour la première fois, depuis longtemps, j'ai dormi d'un sommeil profond jusqu'à deux heures.

Imma reprit un peu d'assurance.

— Cependant, ajouta le roi, un rêve d'une nature singulière est venu me troubler ; quoique la religion et le bon sens nous défendent de prendre les songes pour des avertissements j'en suis encore tout occupé.

—Ah ! mon père, racontez-le moi, je vous prie, n'ayant ni votre science ni votre raison, un rêve m'intéresse toujours beaucoup.

— Celui-là te ferait peut-être mal, je ne te le dirais qu'autant que tu insisterais.

Imma suppliante prêtait une oreille attentive.

—Eh bien ! figure-toi que, réveillé en sursaut par ce rêve, qui ressemblait tant à la vérité, je saisis mon épée et courus sur la terrasse du nord pour m'assurer si réellement une de tes sœurs n'enlevait pas, elle-même, dans ses bras, un de mes écuyers ! Je voulais les percer tous deux du même coup; j'en ai été pour ma vision, je suis rentré en me moquant de moi.

Il regardait fixement Imma, et lui demandait ce qu'elle pensait de ce rêve !

Charlemagne, voyant pâlir sa fille, lui dit

de se rendre dans la chapelle où elle trouverait Eginhard, et que là, il lui apprendrait le sort qui lui était réservé ainsi qu'à elle.

—Vous devez demander pardon ensemble à Dieu et aux hommes, ajouta-t-il, pour avoir violé les lois divines et humaines.

L'idée de revoir Eginhard donna une nouvelle force à la princesse; elle vola à la chapelle, et tomba presque évanouie dans les bras de son amant: c'est encore du bonheur, que l'espérance qu'elle a de mourir avec lui! Quand Eginhard se vit forcé de lui arracher cette dernière illusion; il rappella ses sens en lui versant sur le visage quelques gouttes d'eau prises dans le bénitier, que soutenaient des Amours antiques, etque la chrétienté prenait alors pour des anges. Eginhard y avait aussi trempé les mains d'Imma, dont l'imagination s'exalta en se sentant rafraîchie par cette eau.

—Elle doit épurer notre âme, dit-elle, à celui qu'elle regardait déjà comme son époux; remercions le Très-Haut qui t'a choisi pour ce nouveau baptême. Ne vois-tu pas quelque chose de divin dans cette immersion? Les voûtes de la chapelle ne se seraient elles pas écroulées sur nous si nous avions commis un sacrilège? Ah! crois-le bien, l'eau qui m'a ranimée sanctifie autant notre union que les paroles du prêtre. De ce moment cette union me semble accomplie! J'ai l'espoir que l'Eternel entendra les prières de deux cœurs qu'il a formés l'un pour l'autre; il permet que nous le bénissions dans nos doux transports, et nous aurions aussi prononcé son saint nom, sur la couche nuptiale, si la mort n'allait bientôt nous séparer! Mais ce ne sera pas pour longtemps; car tu partages cette croyance, cher amant « que le lien qui nous unit est immortel, qu'il ne se dénouera pas au-delà du tombeau, qu'il unira nos âmes dans le séjour du juste, et que la terre n'est qu'un temps d'épreuves où notre résignation aux volontés du ciel reçoit seulement pour récompense ici bas, quelques éclairs d'un bonheur incomplet et passager. »

Eginhard, transporté d'un tel discours, tutoya et embrassa même pour la première fois et avec délire celle qu'il croyait aussi sa compagne; il pressa fortement son cœur sur le sien sentit leurs battemens se confondre, et s'écria:

— O mon Imma ! tu retrempes mon courage, tu es plus illuminée par ton amour que je ne le suis mille fois par la science, c'est de toi que je veux désormais apprendre ces grands enseignements sur la vie future. Maintenant la mort doit nous paraître un bienfait !

L'empereur rentra au Conseil qui attendait son retour avec impatience. Quelle fut la surprise des évêques et des comtes en entendant prononcer ces mots si pleins de philosophie et de religion.

« Les hommes sont sujets à de nombreuses
» erreurs ; je crois qu'il est plus sage et qu'il
» convient mieux à la dignité de notre couron-
» ne de pardonner à leur jeunesse et de les
» unir en légitime mariage. »

Charlemagne, se sentant déjà moins roi que père, avait pardonné aux deux amants; il n'avait voulu tirer d'eux qu'une vengeance de courte durée.

Il donna l'ordre à l'archichancelier d'aller annoncer la grâce aux coupables et de les amener devant lui sans leur parler en rien de l'alliance qu'il avait arrêtée.

Imma, retrouvant toute l'énergie que donne la passion, s'adressa ainsi au roi, devant l'assemblée, qu'elle captiva également :

« Vous allez être couvert de la pourpre romaine, mon père, l'aigle des Césars va devenir votre emblême, rien ne manque à votre gloire, ne pouvez-vous pour tant d'honneur laisser à votre fille chérie sa tunique de vierge jusqu'à temps qu'il vous plaise de regarder Eginhard comme un fils? il n'est pas moins innocent d'un amour nourri dans le silence et que trahissaient mes yeux, que de l'entretien secret de cette nuit que moi-même j'exigeai de sa timide tendresse.

Eginhard est l'homme que vous estimez le plus dans vos états; sachez que votre gloire lui est plus chère que tout au monde; et que son dévouement à votre personne me le fait préférer au trône où vous voulez m'asseoir! »

L'empereur aimait ce jeune homme à l'égal de sa fille. Ce qu'il avait vu, ce qu'il venait d'entendre lui prouvait assez qu'elle avait fait les premières avances et que le combat avait dû être violent pour un serviteur aussi fidèle et aussi pieux, dont le regard attendri dans ce moment par le discours d'Imma fixait la princesse avec une expression qu'il ne pouvait maîtriser. Charlemagne s'en aperçut et lui demanda : s'il se trouvait assez récompensé de ses services par le don de sa fille? Que la main placée par moi dans la sienne soit le signe de l'union que l'église va bientôt sanctionner, lui dit-il, d'une voix solennelle, je te nomme dès aujourd'hui mon ministre et mon historien!

Eginhard croyait rêver en entendant ces paroles. De grosses larmes coulaient de ses yeux, le trouble d'Imma n'était pas moindre; ils se prosternèrent l'un et l'autre aux pieds de l'empereur. Ce prince attendri contemplait avec bonté l'heureux couple qu'il ne pouvait arracher de ses genoux, tant ils les pressaient avec reconnaissance.

Imma reçut de son père une riche dot, des domaines, beaucoup d'or et des meubles précieux, assure la chronique de l'abbaye de Laurensheim.

Charlemagne, à la prière de ses enfants, qui ne voulaient pas qu'un si beau jour fût troublé par un arrêt de mort, fait grâce au ravisseur, en assurant qu'à l'avenir on le trouverait sans pitié pour de telles profanations. Archambauld épousa la novice d'Argenteuil et racheta son pardon en se signalant dans mille combats.

Eginhard eut de son mariage avec Imma un fils qu'il éleva lui-même et nomma Vussin; il lui enseigna avec les sciences l'art de l'architecture, pour laquelle ce jeune homme avait un goût prononcé ; il le consulte même dans une lettre qu'il lui adresse, sur un passage difficile de Vitruve. L'heureux Eginhard voyait croître avec orgueil l'espoir de sa vieillesse lorsqu'il vint à perdre sa compagne en 836; il ne put survivre à sa douleur plus de trois ans. Il se retira à son abbaye de Séligenstadt, pour mieux pleurer et prier; c'est en vain que Louis le Débonnaire voulût l'en arracher et lui continuer les largesses et la faveur de Charlemagne, il quitta la cour et les affaires.

Son affliction n'eut rien d'égal, puisque ni la religion, ni ce fils qu'il chérissait et qui était l'image de sa mère, ne purent le consoler de cette perte; les voûtes du monastère répétaient à chaque instant le nom d'Imma. De longs soupirs durant même les offices, précédaient ce nom adoré, c'est alors qu'Eginhard, mécontent de son peu de courage, se frappait violemment la poitrine et récitait avec l'accent du désespoir le *mea culpa*, comme pour demander pardon à Dieu de profaner ainsi son temple. Les moines, tout recueillis qu'ils étaient aux pieds des autels, prenaient pitié de l'état où ils voyaient leur abbé, qu'ils appelaient leur *père*, et demandaient à la Vierge à qui on l'avait voué dès sa naissance, une guérison qu'ils n'osaien espérer, ou la mort, cette panacée universelle des maux de la vie.

Parmi les lettres que le solitaire Eginhard adressa à son jeune ami et disciple l'abbé de

Ferrière, nous rapportons celle qui nous a paru le mieux peindre l'état de son âme.

« Tous mes travaux, tous mes soins, pour » les affaires de mes amis ou pour les mien- » nes, ne me sont plus de rien; tout s'efface, » tout s'abîme devant la cruelle douleur dont » m'a frappé la mort de celle qui fut jadis » ma fidèle femme, qui était encore ma sœur » et ma compagne chérie. Ce mal ne peut » finir, car ses mérites sont si profondément » enracinés dans ma mémoire que rien ne » saurait l'en arracher. Ce qui redouble mon » chagrin et aigrit chaque jour ma blessure, » c'est de voir ainsi, que tous mes vœux n'ont » eu aucune puissance et que l'espoir que » j'avais mis dans l'intervention des saints » martyrs est déçu. Aussi les paroles qu'on » me prodigue pour essayer de me consoler, » et qui souvent ont réussi auprès d'autres » hommes, ne font-elles que rouvrir et enve- » nimer cruellement la plaie de mon cœur,

» car ils veulent que je supporte avec courage
» des douleurs qu'ils ne sentent point, et me
» demandent de me féliciter d'une épreuve
» où ils sont incapables de me faire découvrir,
» le moindre sujet de contentement (15).

En effet, les seules paroles un peu adoucissantes que l'on puisse offrir dans les grandes épreuves de la vie, ne sont-elles pas tout entières dans ce précepte de l'évangile :

« Pleurons avec ceux qui pleurent. »

Et si nous voulons passer, du sacré au profane, nous rapporterons ces mots que l'homme aux fortes émotions et à l'âme de feu adressait à la tendre Lemonnier :

« Ah! ma Sophie, les sottes gens que ceux qui veulent nous consoler des peines du cœur. »

Qu'on me pardonne cette digression touchant le chapitre des condoléances, en général si froidement exprimées, et qui, fussent-elles des plus éloquentes, ne le sont jamais autant qu'une larme et un serrement de main.

Revenant au héros de la chronique de Laurensheim voyons qu'il annonce sa fin prochaine à un ami dont le nom est inconnu cette fois. Il termine ainsi sa lamentable épître :

» Imma, ma sœur bien aimée, viens en ce » jour à mon aide : c'est a toi que je recom- » mande mon âme ! »

On l'enterra dans le monastère de Séligenstadt, qu'il avait bâti lui-même sur ses plans. L'abbé de Fulde, un des amis qui prit le plus de part à sa douleur, composa l'épitaphe suivante qu'il fit graver sur son tombeau :

« O toi ! qui entres dans ce temple, ne dé- » daigne point, je t'en conjure, d'apprendre » ce qui se trouve sous tes pas. Dans ce tom- » beau repose un homme à qui son père avait » donné le nom d'Eginhard. Il fut d'un es- » prit sage et prudent, honnête dans ses ac- » tions, d'une bouche éloquente, et excellent » en beaucoup de choses. Le prince Charles

» l'éleva dans sa propre cour, et accomplit par » son aide de nombreux travaux. Il a rendu » aux Saints de convenables honneurs; car » c'est lui qui de Rome, a fait amener ici » leurs corps; afin que, touchés de ses prières » et de ses soins, ils procurassent à son âme » le royaume du ciel. Seigneur Christ, auteur, » maître et sauveur des hommes, que ta bonté » lui accorde dans les cieux, le repos éter- » nel ! »

RÈGNE DE LOUIS XIV.

(Année 1680.)

Le Manteau de Duchesse.

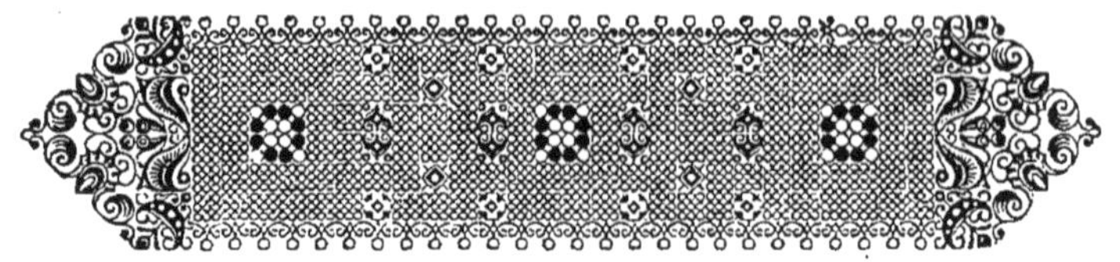

L'empire des salons a passé avec celui des femmes.

Mme Sophie Gay.

eure fortunée des illusions! où deux amis enivrés de la sève printanière contemplaient au crépuscule du matin des gages de cœur.

Henri de Rothelin et Charles de Sévigné

se promenaient sous les fenêtres du roi et causaient avec délices de leurs passions, sans rien sentir de la fraîcheur matinale qui faisait doubler le pas aux sentinelles. On les citait l'un et l'autre comme types de l'homme de cour et de l'homme des camps.

Henri portait l'écusson princier à la *brisure* des enfants de l'amour et avait épousé Melle de Montaut. Charles était fils de l'illustre marquise et ne comprenait pas le mariage. Leur bravoure plus encore que leur esprit les maintenaient dans les bonnes grâces du maître. Ils avaient dansé la veille chez la dauphine avec les filles de la reine, qui les appelaient les inséparables, ainsi qu'on les nommaient aux gendarmes du roi et du Dauphin (1).

Anaïs de Pons avait laissé tomber à dessein une fleur de son bouquet, et Clorinde de Sourdis une rosette de son corsage. Une pensée! c'est le symbole du sentiment: un nœud ! c'est l'image de l'union des âmes. Lequel de nous est le mieux partagé ? disait Charles à Henri : Ils en étaient là de leur entretien, quand ils entendent le roi ouvrir doucement une croisée de son appartement; vite ils se mettent à l'écart pour regagner leur poste; mais il les avait apperçus et voulait les faire servir à ses projets.

Louis XIV, enveloppé d'une robe de chambre magnifique, que Colbert avait fait broder à Lyon, et coiffé d'un bonnet de velours à gland d'or, parut un instant à son balcon. On aurait dit que, penché sur la balustrade, il n'était occupé qu'à respirer l'air embaumé des parterres de Saint-Germain, quand, au contraire, il combinait trois mois à l'avance deux spectacles nouveaux qui devaient avoir lieu le même jour. Il referma la fenêtre et fit demander Sévigné.

— Je ne vous ai pas aperçu hier dans l'escorte.

— Aussi ai-je passé une mauvaise nuit, sire.

—Vous savez cependant que je ne vous oublie pas; comment se porte votre mère? où est-elle?

— Je remercie le roi de ses bontés; elle se porte bien; elle est chez notre parent Rabutin, qu'elle cherche à consoler de la prise de voile de sa fille; ma mère par ce motif ne pourra paraître à la réception de madame la dauphine.

— Tâchez de faire un meilleur usage de votre esprit; celui du comte de Rabutin est trop porté à la satire, il ne ménage personne, ni sa cousine, l'exemple de la cour! ni moi, comme l'on sait, dit sa majesté d'un air sévère; mettez-vous à cette table, continua-t-il, et prenez la plume.

Le pauvre Sévigné crut qu'il allait être un instrument de vengeance contre un des siens quand il fut rassuré en écrivant ce qui suit, sous la dictée.

« M. de Seignelai est prévenu que le roi » partira de S.-Germain le 30 Juin pour Bou- » logne-sur-Mer, qu'il y visitera les ports » d'Ambleteuse, de Calais et de Dunkerque, » où son intention est de voir en détail les » équipages de ligne.

« S. M. désire en outre que, pendant les » vingt-quatre heures de son séjour dans ce » dernier port, il soit simulé un combat naval » et qu'un vaisseau soit disposé de façon à » ce qu'on puisse y donner un repas.

» Le roi désignera les personnes admises » à monter dans les barques réservées à la » cour.

» M. de Seignelai s'entendra pour l'ensem- » ble des dispositions avec M. de Louvois, » prévenu de son côté que le roi, suivi de sa » maison, visitera aussi les nouvelles places » fortes.

» S. M. ne doute pas du zèle que MM. les » secrétaires d'état déploieront dans cette » circonstance pour rendre agréable aux » populations la présence de leur nouveau » monarque. »

Sévigné sollicite pour sa mère la faveur d'être du voyage.

— Assurément, je la vois toujours avec plaisir, sa conversation me charme. Il n'y a que madame de Maintenon qui parle aussi bien qu'elle.

Le jeune courtisan ne fait qu'une enjambée de la chambre du roi au cabinet de M. de Seignelai, et profite de cette circonstance pour demander quelque chose au ministre en faveur, ainsi qu'il est d'usage : cette fois il le priait de penser à son camarade d'enfance, Alain de Coëtlogon, qui venait d'être mis de nouveau à l'ordre de l'armée navale, en ajoutant qu'il fallait excuser sa rudesse bretonne à se refuser de faire valoir ses droits par une de ces respectueuses suppliques qu'il n'aurait même pas l'esprit de tourner, disait adroitement Sévigné, afin de pallier un peu la hauteur de son ami. Ce à quoi M. de Seignelai avait répondu froidement : Les Coëtlogon sont trop fiers pour rien demander à un anobli ; qu'ils se poussent d'eux-mêmes (2).

Une heure après, le roi fait venir Henri de Rothelin.

— Montrez-vous intelligent comme de coutume, portez cette lettre à son adresse, il n'y a point de réponse. Si la personne est chez la reine, vous attendrez qu'elle en sorte pour la lui remettre quand sa Majesté passera dans son oratoire. Surtout gardez le silence sur cette missive.

Le marquis la présenta à madame de Montespan, qui revenait sur ses pas pour prendre un livre d'heures qu'elle avait oublié; elle la lut précipitamment. Une larme de rage roula dans ses yeux et vint se sécher sur sa poitrine brûlante. Henri de Rothelin s'était mis dans une embrasure de croisée d'où il ne pouvait être aperçu de la marquise; il jugea de l'effet que produisit la lettre et entendit très-distinctement ces paroles :

« O ! vengeance, inspire-moi ! »

Restée seule et au retour de la messe, elle relut d'une voix entrecoupée ce qui suit :

« Vous avez été hier d'une grande inconvenance chez la reine, madame, elle s'en est plaint à moi avec cette douceur qu'on lui connaît; car sa bouche n'a point encore prononcé le moindre mot d'aigreur contre qui que ce soit; plût au ciel que les autres femmes lui ressemblassent !

» Que vous ont donc fait Mme de Maintenon et Mlle de Fontanges, pour les accabler de vos épigrammes? ne peut-on être belle

» sans vous irriter, ou spirituelle sans vous
» déplaire ? Croyez-moi, vos dédains ne les
» rendront ni laides ni sottes, et ils vous font
» perdre à vous, madame, beaucoup de votre
» empire ; moins de pratiques extérieures,
» moins de visites à la sainte table, et plus
» de charité ; quant à moi : *je vous l'ai déjà*
» *dit, je ne veux pas être gêné* (3).

« Je vous déclare en outre que j'exige à
« l'avenir plus de retenue dans vos propos et
« plus de respect devant la reine ; autrement
« il faudrait quitter la cour ; d'ailleurs, j'y
« rappelle Lauzun, avant l'accomplissement
« du sacrifice que vous avez exigé de *Made-*
« *moiselle*. Je réparerai ma sévérité à leur
« égard et je conçois maintenant la haine
« qu'ils vous portent ; je crains que leur vue
« ne vous cause quelque déplaisir (4). »

LOUIS.

Les ordres pour la brillante tournée du roi

venaient d'être expédiés à l'heure même; c'était la première fois qu'il allait visiter ses conquêtes, et dans la joie secrète qu'il en ressentait, il voulait surtout avoir le plus de femmes possible témoins des honneurs et des triomphes qui lui étaient réservés, afin qu'il pût tout rapporter à une autre conquête, plus chère pour lui dans ce moment que l'agrandissement du royaume.

La véritable reine des fêtes qu'on allait préparer était Marie-Angélique d'Escoraille de Fontanges, parente de la marquise de Montespan et fille d'honneur de Madame.

Le roi lui avait demandé la veille, chez la Dauphine, ce qu'elle désirait le plus.

— Sire, trois choses également :

Une voiture et un attelage de fée, puisque vous pouvez tout.

Assister à une réception de chevalier de Saint-Louis, ce qui vous est facile à la prochaine revue.

Voir la mer et monter sur un vaisseau.

— Vous voulez donc régner sur tous les éléments, répond Louis XIV; hélas! je ne possède pas la baguette d'enchanteur, je ne pourrai vous traiter en magicien; mais à ce défaut vous serez traitée en reine, ce que je n'ai fait pour aucune femme.

Quelques jours après, Mlle de Fontanges, en sortant de chez elle, trouva à sa porte un superbe carrosse à huit chevaux et orné de son chiffre, enlacé à celui du roi. Elle reçut en y montant dix mille louis que renfermait une petite cassette émaillée d'or et de nacre et un service de campagne en vermeil le plus magnifique qu'on ait encore vu. Des voitures de suite, des fourgons, des chevaux de selle, une superbe chaise à porteurs et de nombreux laquais habillés en *gris de lin*, pour faire allusion à l'amour constant du roi (A), venaient d'être mis aux ordres de la favorite, dont la beauté en ce moment était dans toute sa gloire.

Marsillac, chargé par le roi de présenter ce riche bagage, lui avait rendu compte du bonheur qu'en avait ressenti Mlle de Fontanges, et combien, en opposition de tant de largesses, elle s'était moquée du souvenir de la lettre que la marquise deMaintenon venait d'adresser en véritable économe à sa belle-sœur d'Aubigné, sur la tenue de son ménage, et dont Louis XIV lui avait dit le contenu pour la divertir, en lui recommandant de preudre des leçons de cette dame qu'il avait surprise chez elle écrivant cette missive. Nous la rapportons comme un des documents de l'époque et pour faire contraste aux prodigalités de la favorite, qui n'en trouvait jamais assez, pour tenir dignement son rang, disait-elle avec naïveté :

« Voici, ma très-aimable sœur, le calcul « de la dépense que vous devez faire par « jour, pour douze personnes, Monsieur et

« Madame, trois femmes, quatre laquais,
« deux cochers et un valet de chambre.

« Quinze liv. de viande a 5 s.	3 liv.	15 s.
« Deux pièces de rôti.	2	10
« Pour du pain.	1	10
« Pour du vin.	2	10
» Pour du bois.	2	«
« Pour du fruit.	1	10
« Pour de la chandelle.	«	8
« Pour de la bougie.	«	10
Total.	14 liv.	13 s.

« En y joignant le blanchissage, le sel et « les épices, votre dépense ne doit pas passer « par jour 15 liv. Je compte 4 s. en vin pour « quatre laquais et vos deux cochers; ma- « dame de Montespan n'en donne pas da- « vantage aux siens; et si vous aviez du vin « en cave, il ne vous en coûterait que 3 s. J'ai « mis 6 s. pour le valet de chambre et 20 « pour vous deux; je prends tout au pis. Je

« mets une livre de chandelles à cause que « les jours sont courts. Je mets quarante « sous de bois quoique vous n'ayez besoin « que de deux feux ; et je mets pour trente « sous de fruits, quoique le sucre ne coûte « que onze sous et qu'il n'en faille qu'un « quarteron pour une compote ! Je mets deux « pièces de rôti dont on épargne un quand « monsieur ou madame dîne ou soupe en « ville ; mais aussi j'ai oublié une volaille « bouillie sur le potage. Nous entendons le « ménage ; et vous pouvez encore, sans passer « les 15 liv., avoir une entrée tantôt de sau- « cisses, tantôt de langue de mouton, la pyra- « mide éternelle que vous aimez tant ; tout « cela posé, et que j'apprends à la cour, ma « chère fille, votre dépense de bouche ne doit

« pas passer	6,000 liv.
« Pour habiller madame met- « tons-en	1,000
Total	7,000

	Report	7,000 liv.
« Pour monsieur,		1,000
« Pour gages et livrée,		1,000
« Pour loyer de maison,		1,000
	Total	10,000

« Cela n'est-il pas honnête! Si ce cal-« cul peut vous être utile, je n'aurai pas « de regret à la peine que j'ai prise de le « faire, et du moins je vous aurai fait voir « que je sais quelque chose du ménage(5). »

Tout était bon au roi pour amuser, distraire ou seulement voir sourire Mlle de Fontanges. Cette nouvelle passion avait toute la force d'un premier lien; aussi le monarque prétendait-il, malgré ses quarante ans, qu'il est absurde de croire qu'on n'aime qu'une fois dans la vie, et citait ce que le duc de Larochefoucault, consulté par lui à ce sujet, lui avait dit :

« Sire, il y a dans le cœur humain une

« génération perpétuelle de passions, en « sorte que la ruine de l'une est presque tou- « jours l'établissement de l'autre. »

Le bruit du pompeux voyage allait faire écho dans la vallée comme sur la montagne, il allait rompre la vie tranquille du manoir et changer subitement des habitudes d'ordre que la tradition de longues années devait faire croire éternelles. L'élite de la noblesse de province, comme la noblesse de cour, devait se diriger sur Dunkerque, rendez-vous général.

La marquise de Bonnac, condamnée par la Faculté de Montpellier à finir avec la feuille d'automne, supporte deux cents lieues et recouvre la santé. Elle disait partout : que la distraction est la seule médecine des femmes.

La vicomtesse d'Imécourt, un peu délaissée quoique belle, usa du même remède pour chasser la monotonie d'être toujours dame de paroisse en Champagne.

Mme de Souvré, surnommée Artémise parce qu'on la croyait inconsolable, avait à peine fini son deuil qu'elle vint chercher un autre maître à la cour.

La baronne d'Astorg quitte son château de Cardaillac et arrive avec ses cinq filles, Marguerite, Louise, Isabeau, Françoise et Suzanne, qu'on aurait prises pour des nymphes. Elles firent pâlir la favorite, qui croyait déjà voir des rivales dans toutes les jeunes personnes, tant on l'avait effrayée de l'inconstance du roi (B).

La mélancolique comtesse de Monbail, cette fleur étiolée par le combat du devoir et de la passion, se fait porter en litière du fond du Bocage, et reprend tout son éclat au milieu des fêtes.

—Le marquis de Pleure, si bien fait pour la cour et la gloire, s'ennuyant de son gouvernement de Sézanne, envoie la marquise encore jeune et sa nièce, dans l'espoir que leur beauté serait assez remarquée du roi pour lui faire obtenir une charge de gentilhomme de la chambre ou un nouveau commandement dans la maison militaire.

Mme de Mison, comparée à *l'étoile du matin*, prie son parent, M. de Coulanges, de l'accompagner à Dunkerque, et fait oublier sa tante, Mme de Grignan, qu'un caprice de jalousie priva de ce voyage.

La présidente de Catelan, cette nouvelle Clémence Isaure, quitta les jeux-floraux pour venir présenter son tribut d'hommage au monarque, ravi de s'entendre complimenter en vers charmants par la personne la plus spirituelle du Languedoc.

On vendait une ferme, on empruntait à usure, on mettait sa vaisselle plate en gage, on se faisait prêter en avancement d'hoirie, on s'endettait au moins pour plusieurs années, afin de paraître quelques heures devant le monarque. Tel était alors le prestige du trône, il reflétait sur ces fêtes justement appelées *les mille et une nuits*. Elles étaient, il est vrai, un élément de gêne pour la noblesse ; mais il n'y avait que cette classe qui en souffrît, il lui restait au moins de beaux souvenirs, tandis qu'aujourd'hui on encense le *Veau d'or*, autour duquel riches et pauvres ne dansent jamais sans faire de ces faux pas dont la chute cause le déshonneur ou la ruine, et souvent l'un et l'autre.

Le roi venait de prendre des engagements d'un nouveau genre, il avait cédé aux instances des jeunes femmes et principalement de Melle de Fontanges, qui ne l'avait jamais vu danser. Il fit demander Louis Pécourt, ancien maître de grâces des enfants de France et compositeur des ballets. — Il arriva tout enrubanné et marchant sur l'orteil ; les doigts couverts de bagues et laissant après lui une odeur de jasmin. S. M. relisait en ce moment son projet *des compagnies des gardes-marines et des cadets pour l'armée de terre.*

—La Dauphine, mon fils, et leurs maisons me supplient d'ouvrir le bal prochain, pour voir sans doute comment je m'en tirerai. Il faut me trouver sur-le-champ quelques pas qui aillent à mon âge, car les fêtes vont bientôt finir, et je n'aurai que le temps de répéter ces danses, le soir, chez ma belle-fille. Passez dans mon cabinet des médailles, vous y serez seul pour composer ce que je vous demande.

Qui eût dit que ce sanctuaire de l'antiquité où l'indulgent casuiste le père Lachaise, un des grands numismates de l'époque, venait placer lui-même les dons précieux qu'il faisait au roi et qu'il était si difficile de visiter, se trouverait jamais couvert par la poussière d'une pirouette et d'un entrechat ?

Une heure après, Pécourt en sortit avec

des *enchaînements* si brillants, que S. M. en fut ravie et se les fit répéter plusieurs fois.

—Villeroi, mon ancien rival dans les ballets, Langeron, Lafeuillade et Chabannes, vont être bien étonnés, s'écrie Louis XIV, que cette danse avait comme rajeuni par l'idée de l'exécuter avec Mlle de Fontanges; ces messieurs, reprit-il, sont de mon âge, je veux qu'ils paraissent aussi dans les quadrilles; ils savent encore assez leur cour pour ne pas m'éclipser.

— Sire, je les en défie, répond en s'inclinant le plus bas possible le danseur courtisan, dont la faveur était diminuée depuis que le roi ne paraissait plus sur le théâtre. Que votre Majesté me permette de dire : qu'émerveillé de son éclat, je ne cessais, il y a quelques années, de l'offrir pour modèle à nos premiers sujets. Personne ne saluera jamais avec autant de grâce, personne n'arrondira les bras, ne portera la tête et *n'épaulera* surtout avec plus de noblesse! En un mot le roi faisait le désespoir de la *grande école*, et ce n'était qu'en tremblant que chacun de nous osait paraître (7).

— Continuez à me bien servir, Pécourt, reprit Louis XIV, sensible même à la louange de son chorégraphe, j'ajouterai à votre pension, et si votre art avait plus d'importance, je vous aurais anobli comme Lulli; car la danse est sœur de la mélodie, et les ballets me plaisent autant que la musique. C'est pour honorer ces deux arts que j'ai voulu qu'un gentilhomme, et une fille de qualité ne perdissent rien de leurs priviléges en entrant à l'Opéra. Rendez-vous tout de suite chez Mlle de Fontanges, et priez-la de ma part d'apprendre ce matin les figures que vous venez de composer; leur simplicité ne la fatiguera pas et la mettra en goût, car elle a tout à fait oublié le menuet;

c'est en vain qu'elle a essayé de se le rappeler dernièrement à Villers-Cotteret. Il faut aussi lui apprendre les *révérences* pour la réception de duchesse (8).

C'était la seconde fois que le maître des ballets avait été chargé de pareille mission. Mlle de Lavallière les avait apprises les larmes aux yeux; Mlle de Fontanges les répéta en battant des mains.

En effet, quel bouquet de bal pour une fille d'honneur! déjà le roi lui avait dit, la veille, chez la Dauphine, d'aller s'asseoir sur un tabouret resté vacant par hasard entre mesdames de Crussol et de Créquy, en ajoutant, qu'il voulait à sa cour que les duchesses eussent leurs *trois grâces*, mais qu'il attendait pour cela une circonstance heureuse. Ces paroles prononcées à voix basse et accompagnées d'un doux serrement de main, avaient retenti jusqu'au fond du cœur de

Mlle de Fontanges et ne la rendaient que plus belle, en animant sa figure naturellement un peu froide.

Les *révérences* ne furent bientôt plus un mystère; à peine étaient-elles commencées que les femmes les plus sévères se pressèrent en foule et vinrent saluer le nouvel astre, comme elles avaient fait de la pauvre Lavallière, surnommée *parfum de violette*, et qui dans ce moment priait sous la bure pour un ingrat. Tandis que la princesse de Conti, son intéressante fille, venait de faire son entrée à la cour, et réfléchissait au milieu des fêtes, sur le néant des grandeurs humaines. Ces *révérences* avaient pétrifié mesdames de Montespan et de Maintenon. Elles employaient sans se communiquer toutes les intrigues possibles, la première par ses amis, la seconde par son esprit, pour empêcher ce qu'elles appelaient un nouveau scandale. Sa Majesté avait donne l'ordre à Pécourt d'être à huit heures chez la Dauphine, et de se faire accompagner par extraordinaire des meilleurs musiciens de la chambre et surtout du violoniste Lambert. Ils devaient tous exécuter les airs de danse pour la répétition des quadrilles. Le roi voulait par là donner en même temps à ces dames le plaisir d'un concert. Les ménétriers de la cour et les vingt-quatre petits violons disaient bien bas et avec dépit : Quelle injustice! c'est ce Lambert qui aura intrigué. Ah! si les duels n'étaient pas défendus, nous l'enverrions chez Pluton faire ses éternelles cadences. Quand Pécourt fut parti, Sa Majesté acheva sa toilette au milieu des courtisans; ils s'étaient précipités comme de coutume vers les portes, se coudoyant, se pressant, et se seraient volontiers pilés aux pieds pour le saluer des premiers, et le complimenter moins encore sur les encouragements qu'il venait de donner à nos établissements dans les Indes Orientales, que sur le portrait qu'il venait de faire faire de Mlle de Fontanges, placé vis-à-vis de sa table à écrire et de manière à le pouvoir contempler chaque fois qu'il levait les yeux.

Ce voyage où le monarque ne devait marcher que sur des fleurs et ne passer que sous des arcs-de-triomphe, allait être précédé de promotions en tous genres. Les plus ambitieux étaient en émoi pour cette circonstance. Des faveurs nouvelles avaient été accordées récemment par la création de huit Menins avec 6,000 fr. de traitement; ils remplaçaient le vertueux duc de Montausier, et avaient mission d'accompagner *Monseigneur*; c'étaient messieurs de Cheverni, de Dangeau, de Clermont, de Saint-Maure, dAntin, de Florensac, et le chevalier de Grignan, cet aimable chansonnier, Mesdemoiselles de Laval, de Biron, de Tonnerre et de Rambure, venaient d'être nommées filles d'honneur de la

Dauphine, et Bossuet son aumônier. On les avait choisies de beauté médiocre pour ne pas faire trop disparate avec la princesse ; mais le roi avait voulu qu'elles fussent toutes de grande naissance et que madame de Monchevreuil en fût la gouvernante.

Trois colliers des ordres étaient à donner, deux tabourets restaient vacants, des maréchaux de camp allaient être promus lieutenants-généraux, et un bâton de maréchal devait faire mille jaloux. Personne n'était assez hardi cette fois pour aller prendre la liste jusque dans les poches du roi, comme Mme de Montespan avait osé le faire durant son règne et y inscrire son frère M. de Vivonne.

Le petit lever était encombré de monde que la paix de Nimègue avait ramené à la cour. Chacun avait les yeux fixés sur le monarque, dont le regard annonçait si bien une faveur ou une disgrâce.

Le roi se rendit avec sa suite à la chapelle du château, où fut chanté un *Te Deum* en action de grâces de cette paix. Il avait été différé, à cause de la maladie du grand-aumônier de France. Le 15 mai, ce prélat encore convalescent monta à l'autel, soutenu par deux jeunes diacres d'une beauté remarquable et suivi d'un clergé resplendissant. Une messe du plus grand effet, composée par Lulli, se fit entendre.

L'éloquent Fléchier, ce rival de Bourdaloue, occupait la chaire; tous les regards se dirigeaient de son côté. Mme de Montespan et Mlle de Fontanges occupaient les tribunes en face. Il commença ainsi :

« Année 1680 du Seigneur, qui voit la « France à l'apogée de sa gloire et son roi se « prosterner devant l'autel pour remercier le « Très-Haut de l'avoir fait naître le plus puis- « sant des monarques, ne t'écoule point sans

« lui préparer des années aussi prospères! »

Après qu'il eut remercié le Dieu des armées d'avoir éteint le foudre de guerre pour laisser jouir les peuples des bienfaits de la paix, il passa habilement du bonheur public au bonheur domestique, en prouvant combien les choses extérieures sont contraires à ce dernier, et s'écria avec onction :

« Vous que la providence éprouve, soyez
« résignés! Remettez-vous entre ses mains,
« elle n'envoie d'afflictions à ses enfants que
« ce qu'ils en peuvent supporter. »

Le prédicateur, par esprit de charité, regarda Mme de Montespan, comme s'il se fût agi de lui appliquer ces paroles consolantes. Cette femme hautaine, se croyant humiliée fixa avec arrogance, et au scandale de tous, l'orateur sacré (9).

Le grand roi baissa la tête avec recueillement; c'était assez pour édifier la cour. Mme de Montespan lui avait encore fait une querelle la veille, sur ce qu'il avait assisté à l'opéra de Proserpine, où la scène de Mercure et de Cérès ne faisait que trop allusion à son refroidissement.

Au sortir de la messe, il passa en revue la maison militaire de service : elle venait d'être habillée de neuf, depuis la paix, et était si brillante qu'il l'appelait son *firmament*. Chacun avait chez soi un trophée d'armes prises à l'ennemi, et auquel appendaient les habits de combats ; il en était peu qui ne fussent ou troués par la balle ou percés par l'épée.

Louis XIV, avant de parcourir le front des mousquetaires, s'informa si Moissac, cornette de la première compagnie, était enfin guéri de ses blessures, qui, depuis le siége de Valenciennes, l'avaient tenu éloigné des rangs.

— Je l'aperçois, dit le maréchal d'Humières, il est encore resté joli garçon, malgré l'estafilade qui lui coupe le sourcil ; c'eût été dommage, sur ma foi, que la mort nous l'eût enlevé; mais elle s'en serait bien gardée ce jour-là : il a tant peuplé son royaume, qu'un médecin en eût été jaloux.

De toutes parts on s'était entretenu de la brillante valeur et de la présence d'esprit du mousquetaire pendant la prise de cette ville. Les femmes se le montraient du doigt et savaient mieux que sa Majesté qu'il venait récemment de rentrer à son corps, car c'était un des officiers de la maison du roi les plus recherchés du sexe. Il avait fait faire ses excuses de ne s'être point présenté au château, motivées sur ce qu'il boitait toujours et que cela lui enlevait de la bonne grâce qu'un gentilhomme ne doit cesser d'avoir devant ses princes, quand il n'est plus sous les armes.

Aussitôt que le roi l'aperçut, il s'en approcha, et lui remit sa propre croix qu'il détacha de sa boutonnière, en disant : Je la portais à Valenciennes, et je vous l'aurais donnée de ma main si l'on ne se fût opposé à ce que j'allasse où vous étiez. Ce n'est pas la première fois que je déplore une grandeur qu'on ne veut pas que j'expose jamais outre mesure.

— Cependant, répondit le jeune mousquetaire, nous avons vu le roi au poste le plus périlleux...

— Je sais, mon cher Moissac, que votre parrain doit être mon cousin d'Humières, et que vous avez désiré être tout-à-fait rétabli pour recevoir l'accolade de chevalier devant vos frères d'armes. Mettez donc pied à terre et félicitez-vous d'avoir aussi pour témoins les dames de la cour et de la ville, et parmi elles la plus belle personne du monde, qui, dans ce moment, a sans doute les yeux sur vous.

— Moi, dans ce moment, je n'ai d'yeux que pour votre Majesté, reprit Moissac, avec enthousiasme et après avoir baisé plusieurs fois sa croix de St.-Louis (10).

Louis XIV, touché de cette répartie pleine d'âme, se retourna du côté du maréchal, et lui dit : Où n'irait-on pas avec de tels hommes ? Remplissez donc votre office, mon cousin (11) ; je vais faire avancer la reine et les princesses pour qu'elles entendent prononcer le serment de chevalier.

Après cette cérémonie, le roi continua la revue, et s'arrêta devant une de ces figures sillonnées de cicatrices qu'il n'avait pas encore aperçues ; c'était un officier nouvellement promu au grade de porte-drapeau.

— Votre nom, monsieur ; votre pays ? lui demanda Louis XIV avec bonté.

Le vieux soldat répondit d'une voix émue, quoi qu'assurée : Charles de Beaucorps, l'un des cinq cents gentilshommes commandés par M. de la Chétardie, dans la place d'armes de Brissac, né à Limoges, et depuis vingt ans sous les drapeaux du roi, sans avoir voulu les perdre de vue un seul jour.

— Bien, très-bien! lui dit sa Majesté, en lui remettant une des croix de Saint-Louis que M. de Louvois tenait à la main, et qui étaient toutes destinées pour les deux compagnies des gardes-françaises que le maréchal de Créquy avait désignées comme s'étant couvertes de gloire dans la dernière campagne (12).

Chacun guéri des terreurs que lui avait causé la grande comète apparue récemment pour la première fois, et qui avait fait croire à un embrasement du globe, était revenu à la vie dissipée. On croyait que le 30 juin, fixé pour le voyage des côtes, n'arriverait pas. Jamais quinze jours n'avaient paru plus long à tout le monde, bien qu'ils dussent être abrégés par la continuité des fêtes à l'occasion du mariage du Dauphin. On gaspillait, on tuait le temps de mille manières.

Les femmes renouvelaient leurs écrins, inventaient des modes, composaient des mines, étudiaient des poses, ruinaient leurs maris, changeaient d'amants, et quittaient leurs boudoirs afin d'aller s'épurer au confessionnal.

Les hommes jouaient à la bassette, buvaient, empruntaient, pariaient, couraient les aventures et se seraient volontiers battus pour oui et pour non sans le terrible exemple que le roi avait fait dans la personne du marquis d'Espinchal (13).

Des réceptions avaient lieu cependant chez la Dauphine; mais parmi les présentées à la cour, très-peu étaient reçues dans l'intimité de cette princesse. Son cercle était un centre où chaque rayon de gloire venait aboutir; rien de comparable à l'honneur d'y être admis. Le désir de plaire au roi avait rendu sa belle fille plus aimable que de coutume pour Mlle de Fontanges. Elle avait fait presque oublier par son esprit et ses grâces cette Henriette que chacun avait adorée et qui, ainsi que sa fille, n'étaient pas encore mortes dans tous les cœurs. *Mademoiselle* luttait également de prévenances envers la favorite, elle la regardait comme son bon ange depuis le jour où sur sa prière le roi avait promis de mettre fin à l'exil du prisonnier de Pignerol; de son côté *la princesse* avait aussi ses jours de réception, voulant que son royal cousin pût voir plus à son aise la belle Marie; c'est ainsi qu'elle appelait Mlle de Fontanges.

Chez la Dauphine et chez mademoiselle de Montpensier seulement, on voyait Louis XIV se dépouiller du manteau royal; l'homme galant remplaçait le monarque, il voulait être confondu dans la foule, souvent même il aurait voulu paraître invisible aux courtisans, qui comptaient jusqu'aux regards qu'il donnait à la préférée. C'était surtout depuis qu'il s'occupait de la fille d'honneur, que l'anneau de Gygès eût été pour lui un objet d'envie. Il conversait avec elle le plus souvent qu'il pouvait. Sous le prétexte de lui faire admirer *le Christ aux Anges*, de Le Brun, il l'avait attirée, ce soir-là, dans le cabinet d'étude attenant au salon de la dauphine ; c'était celui où la veuve Scarron, surnommée *la sagesse même* par le duc du Maine, avait donné à ce prince les premières leçons de morale. Cette femme, illuminée par une seconde vue, se disait en voyant les empressements du roi : « C'est une fantaisie de courte durée, et qui sera sans doute la dernière de son histoire amoureuse, il faut en presser le dénoûment ; peut-être posséderai-je davantage son héros qu'il ne me possédera. Qui sait si la religion venant à mon aide, ne fera pas de moi plus qu'une favorite ? On verrait alors l'usage que je ferais de ma puissance, et si je ne vaux pas mieux qu'un manteau de duchesse.

Le roi avait paru désirer que les hommes et les femmes fussent plus brillants que de coutume à cette reception, voulant motiver la riche toilette qu'il avait composée pour plaire à Mlle de Fontanges.

Il s'était fait précéder chez sa belle-fille par les pages de service Soycourt et Rochefort tenant chacun d'une main un flambeau de cire et de l'autre une des poignées dorées d'un grand coffret en marqueterie, du plus beau travail et qui embaumait les salons. La curiosité de ces dames ne pouvait se dépeindre. Elles interrogeaient les jolis adolescents, les caressaient, les embrassaient, pour savoir ce que contenait le meuble mystérieux. Ils feignaient d'être dans le secret, et se faisaient prier pour prolonger de si charmantes faveurs (14).

Mais les dames, devinant le manège des pages, modérèrent tant bien que mal leur curiosité jusqu'à l'arrivée du roi. Pour les aider à l'attendre, la dauphine pria mademoiselle de Pons de se mettre au clavecin et mademoiselle de Sourdis de chanter, avec ce goût qu'on lui connaissait, un nouveau *Printemps,* dont *le célèbre* M. de Bassilly, ainsi qu'il est appelé dans le *Mercure* de 1680, venait de faire la musique et les paroles que nous rapportons :

(Procédés de Tantenstein et Cordel, 90, rue de la Harpe.)

C'était Mlle de Fontanges qui les avait demandées à l'auteur; elle se désolait déjà de la longue absence que devait faire le roi pour visiter à son retour de Dunkerque les villes maritimes et tous les arsenaux. L'allusion de ces paroles à un départ qu'elle redoutait, détermina le monarque amoureux à ajourner son voyage, tant la belle Marie lui avait chanté cet air avec expression et en avait su mettre en lui disant après : Que voulez vous que je devienne, Sire, quand vous m'aurez laissée seule au milieu de mes ennemis? Faut-il vous rappeler le hardi billet qu'un homme, couvert de je ne sais quelle livrée, a osé remettre chez mon suisse, et qui se termine ainsi : *Crains le manteau de duchesse : il sera pour toi la tunique de Déjanire*!

Au moins, s'il me consume, avait ajouté Mlle de Fontanges, que ce soit auprès de vous !

Louis XIV enivré de cette marque d'amour, s'était empressé de rassurer la fille d'honneur; il ne se doutait pas que cet écrit fût une sorte d'avertissement de la manière dont elle devait finir.

L'impatience était si grande parmi les dames, de connaître le contenu du coffret odorant, que la charmante composition de M. de Bassilly fut peu écoutée, excepté par Henri de Rothelin et Charles de Sévigné, à qui, par parenthèse, madame de Chaulnes donnait de petits coup d'éventail sur les joues, en l'appelant gentil *vaurien*, parce qu'il était venu lui dire tout bas à l'oreille : qu'un manteau ducal allait sortir du meuble pour aller se placer de lui-même sur les belles épaules de mademoiselle de Fontanges.

Enfin la curiosité allait croissant pour tout le monde ; on se perdait en conjectures. La duchesse de Brancas croyait que ce meuble renfermait un cadeau pour la dauphine, et que S. M. venait soumettre au goût de Mademoiselle.

La marquise de Balincourt prétendait que c'était la dot et la corbeille d'une fille d'honneur de la main de laquelle le roi allait disposer pour quelque officier-général en crédit.

—Oui, pour son valeureux aide-de-camp, M. le duc d'Elbœuf, qui va bientôt entrer en veuvage, car sa femme est au plus mal. Un nouvel hymen lui remettra la jambe qu'il a eue cassée dans la dernière campagne disait malignement madame de Meuze, regardant Mlle de Bricqueville, qui prenant cela pour une épigramme, lui répondit sans s'émouvoir : « Pourquoi pas, madame ? nous sommes alliés aux Condé, et je préfère, pour mon compte, les héros aux *muguets.* »

Madame de Meuze fit la moue et se tut.

— Ce n'est rien de tout cela, assure son Altesse Royale, je crois plutôt que c'est un jeu inconnu dont le plus aimable des princes voudrait bien nous donner le divertissement aujourd'hui, pour nous reposer de la danse.

On annonce : Le roi.

Il fait sa tournée habituelle et adresse aux femmes des compliments sur leurs toilettes. Toutes s'étaient surpassées. Il cherchait des yeux Mlle de Fontanges, cachée derrière la marquise de Maintenon afin de mieux observer si S. M. s'apercevait de son absence. Ces deux dames terminaient le cercle. Louis XIV demanda à la fille d'honneur ce qu'elle souhaiterait trouver dans ce meuble ?

—Sire, un talisman pour ne jamais vieillir et une bourse qui me permettrait de rivaliser de magnificence avec Votre Majesté.

— Et vous, madame, s'adressant à la marquise ?

—Sire, répond-elle, avec un air tout mystique et en baissant les yeux, je voudrais qu'il contînt une bulle assez évangélique pour convertir les religionnaires, et qu'ils pussent mourir dans la communion de leur roi... (15)

— Oh ! la rusée, dit à voix basse madame de Lorges à madame de Charost, elle y arrivera. Voyez comme elle prend la contre-partie de Fontanges.

Mademoiselle, qui avait entendu la réponse et n'aimait guère madame de Maintenon, qu'elle devinait aussi, dit au roi :

—Mon cousin, ne nous faites pas languir plus longtemps; ouvrez-nous cette cassette, dût-il en sortir *la Vérité*, je crois que nous serions toutes bien attrapées.

Le rire se communiqua et vint s'arrêter sur les lèvres amincies de l'hypocrite marquise.

— Je ne suis pas moins intrigué que vous, mesdames, répliqua le roi, puis, tirant de sa veste de brocard une petite clef de l'acier le plus fin, et ornée du chiffre royal accolé aux armes de Valenciennes : c'est, continua-t-il, un hommage que je reçois de cette ville, nouveau fleuron de notre couronne. J'ignore ce que contient la cassette, et c'est au milieu de votre cour, ma fille, que je veux en avoir la surprise. Aussitôt il invite la dauphine à en faire l'ouverture, et la prie dans le cas où ce meuble contiendrait des objets susceptibles d'être divisés, de vouloir bien les distribuer de suite à ces dames. Vite, elles se groupent autour de S. A. R. Qu'on juge de leur surprise en trouvant pour chacune un lot de superbes dentelles entourées d'une bande de ruban de satin bleu où leur nom était imprimé en lettres d'or.

— Il n'y a que le roi pour ces coups de baguette; c'est Louis-l'Enchanteur et Louis-le-Grand tout à la fois, s'écria *Mademoiselle* en lui tendant affectueusement la main. Le roi reçut avec plaisir les remercîments des dames. Il avait commandé exprès un dessin pour Mlle de Fontanges en la priant de mettre cette parure à la première promenade qu'elle ferait sur mer, plaisir dont elle se promettait d'avance tant de joie.

Les dames déroulaient leurs dentelles et se les repassaient de l'une à l'autre. La belle Marie ne put s'empêcher de regarder le roi avec amour, en apercevant que son lot se trouvait parsemé de marguerites admirablement imitées ; elles faisaient allusion à cette fleur des bois que le roi lui avait présentée à la chasse, dans une allée détournée, avec prière de l'effeuiller devant lui, sans témoin, pour qu'il sût s'il était aimé. Heureux de ce que le mot *passionnément* s'était rattaché à la dernière feuille, Louis XIV porta pendant quelque temps une marguerite à sa boutonnière. Le Nôtre prenait soin de renouveler cette fleur au sein même des frimas dans les serres dont il avait la direction. Quelques seigneurs de mauvais goût en avaient en diamants pour imiter celle dont les cheveux de la favorite étaient ornés ce jour-là, chez la dauphine.

Jamais fille d'honneur n'avait paru plus éclatante de beauté. C'est *une rose de toute saison*, avait dit le royal amant ; ce mot fut trouvé très-courtois. Mlle de Fontanges devenait de plus en plus l'objet particulier des attentions de la cour. On remarqua aussi que madame de Maintenon n'avait point encore montré tant d'esprit.

C'étaient des mots charmants qui se succédaient et disparaissaient comme des feux follets, pour faire place à des mots profonds qui se gravaient dans la mémoire, au sein même des plaisirs. Plusieurs de ces mots peignaient si bien le désintéressement en amour, que Louis XIV en paraissait frappé ; mais aussitôt qu'il jetait les yeux sur la belle Marie, toutes les phrases à double entente étaient oubliées.

Il désigna son quadrille : c'était Mme la

princesse de Conti, mesdemoiselles de Fontanges et de Montesquiou; on était tout surpris qu'il ne désignât pas la quatrième danseuse. En hommes, ce furent messieurs d'Harcourt, de Mailly, et de Cavoye, qui tous trois avaient été élevés avec lui.

La reine, encore chagrine de ce que Sa Majesté lui avait dit, la veille au soir, à la suite de quelques reproches sur ses galanteries: « *Allez, allez vous coucher, madame, avec vos petites raisons,* » ne voulut pas paraître chez sa belle-fille (16).

La marquise de Montespan, en qualité de surintendante, se crut obligée de rester auprès d'elle. Son dépit ne pouvait se concevoir. Elle aurait tant voulu narguer ses deux rivales! L'idée que la plus belle et la plus jeune allait être la divinité de ce cercle féerique, la mettait dans un état nerveux qu'elle ne pouvait dissimuler. La reine, calme et bonne, et ne devinant jamais le mal, lui disait:

Marquise, vous paraissez souffrante, ce soir, retirez-vous de bonne heure ; mesdames de Noailles et de Navailles me tiendront compagnie.

L'absence de la reine et de la maîtresse disgraciée permettait au roi de donner plus d'essor à ses coquetteries de prince ; il était resplendissant de pierreries, de plumes et de broderies ; il n'avait pas encore paru aussi beau, parce qu'il n'avait pas encore été aussi aimable. Le duc de Beauvillers, premier gentilhomme de la chambre, vint prendre ses ordres ; les préludes de la danse commencèrent. S. M, moins par galanterie que par calcul, invita à danser *Mademoiselle,* qui était son aînée ; il lui avait dit tout haut :

— C'est à l'intention de Lauzun, ma cousine.

— Je vois bien, répliqua-t-elle, fort surprise, qu'il vous faut une victime c'est aujourd'hui mon tour, je m'immole, et prie ces dames d'excuser ma mauvaise grâce; mais je ne sais rien refuser à mon roi ni au nom qu'il vient de prononcer.

Ces paroles parurent de très-bon goût. La princesse se tira à merveille du quadrille quoiqu'un peu troublée. Mlle de Fontanges, qui dansait en face de Sa Majesté, l'était bien davantage. Elle fit un faux pas dont sa coiffure fut ébranlée comme à la dernière chasse quand son cheval s'abattit ; les nattes et les perles se détachèrent cette fois, le tout fut relevé en quelques minutes par un ruban couleur de feu que le roi portait en aiguillette et qu'il arracha sur le champ. Mademoiselle de Montpensier ne craignit pas de servir de dame d'atours à la fille d'honneur. Le désordre réparé avait produit une coiffure plus élégante que la première. Louis XIV, charmé de la métamorphose et plus encore de l'abnégation de sa cousine, s'approche d'elle et lui dit: Vous venez de signer le rappel de Lauzun, et vous allez faire une duchesse; c'est un honneur réservé à une tête que vos belles mains ont touchée.

La cour ancienne assura que Sa Majesté n'avait rien perdu depuis vingt ans, ni de sa grâce, ni de sa souplesse, et le proclama, ainsi que la jeune cour, *le premier danseur de France et de Navarre.*

Le monarque était ravi du succès qu'il avait obtenu, et se proposait de danser les jours suivants avec Mlle de Fontanges, lorsque Marsillac se fit annoncer après la messe. Il avait bien servi son maître dans cette intrigue amoureuse, et avait obtenu pour récompense la charge de grand veneur Il accourait lui annoncer l'état où était la favorite depuis le retour du bal: elle se croyait à son heure dernière; son corps, déjà défiguré par l'enflure, donnait de vives inquiétudes; elle tenait caché son état, dans la crainte de causer trop de bonheur à Mme de Montespan. Le roi vola aussitôt au chevet de son lit et y trouva le prieur de Cabrières qu'on *appelait le médecin forcé*, dit Mme de Sévigné parce qu'on venait l'enlever à chaque instant, et presque malgré lui, quoiqu'il ne fût pas de la Faculté. Ses cures tenaient réellement du miracle; il voyait le mal que les docteurs les plus habiles n'apercevaient point. S'il faut s'en rapporter à une lettre qu'il adressa au célèbre Louis Moreri, il avait étudié à fond la science et la philosophie hermétiques, et s'était, en outre, convaincu par lui-même que chacun de nous porte en soi la guérison de son semblable, faculté qu'on a reconnue être depuis *le fluide magnétique*.

A peine l'Esculape à la mode fit-il attention au roi, tant il était occupé de la malade. Dès qu'il eut légèrement pressé d'une de ses mains l'estomac de Mlle de Fontanges, et de l'autre ses paupières, elle s'endormit, et demanda en son sommeil que matin et soir pareil soulagement lui fût donné, en ajoutant que vers la fin de la semaine, elle serait hors de danger, et huit jours après tout à fait guérie. Au bout de quelques minutes que le prieur eût cessé d'apposer ses mains, mademoiselle de Fontanges se réveilla, et se trouva mieux. La douce émotion qu'elle éprouva de voir son amant si près d'elle, et de l'entendre promettre la moitié de son royaume au modeste docteur, dans le cas où la prédiction s'accomplirait, lui fit tout le bien du monde, et dissipa ses craintes sur l'inconstance du roi. Cabrières recommanda vivement la chaleur pendant la convalescence, l'atmosphère dût-elle être brûlante.

Le cinquième jour arrivé, Mlle de Fontanges était déjà redevenue plus belle que jamais; Louis XIV lui rendit visite en se faisant suivre d'une corbeille de mariage, ce qui donna un instant à penser à la fille d'honneur qu'elle allait épouser le roi avec dispense de

Rome... lorsqu'il pria Mlle des Adrets, amie intime de la malade et qui ne l'avait pas quittée, de vouloir bien découvrir ce meuble; il contenait un brevet de duchesse, puis un autre brevet de vingt mille écus de pension, et un magnifique manteau d'hermine, dont la vue acheva presque autant la guérison que les soins du prieur.

A l'exception de madame de Cavoie, toute la cour alla féliciter madame de Fontanges, qu'elle trouva étendue sur un lit élégamment drapé et orné de crépine et de glands d'or. De ce moment, la duchesse rendit dédain pour dédain à sa rivale, elle dépensa cent mille écus par mois pour l'éclipser. Elle devint l'arbitre des plus belles destinées et s'érigea en maîtresse suprême, jugeant par la passion du roi que rien ne pouvait plus désormais lui être refusé. La belle duchesse manquait de pénétration; elle ne s'apercevait pas des progrès qu'une autre femme faisait dans le cœur de Louis XIV, assez large du reste pour contenir plusieurs amours.

Le commerce plein de charme de madame de Maintenon, qu'on commençait déjà à appeler madame de *Maintenant*, captivait de plus en plus le monarque, il se partageait entre ces deux conquêtes. Le triomphe de l'esprit sur la beauté était presque assuré ; et la vieille femme allait l'emporter cette fois sur la jeune fille, lorsque arriva le trente juin, si désiré.

La reine se rendit la première à Dunkerque, et ne voulut recevoir aucune fête en l'absence du roi, parti à cheval et voyageant en tête de sa maison, ainsi qu'il en avait l'habitude.

Son approche fut annoncée par les courriers, portant à leurs chapeaux des branches de verdure en marques de réjouissances. Dès que le corps municipal fut averti que son nouveau souverain n'était plus qu'à une demi-lieue de la ville, il se rendit au même instant à sa rencontre.

L'artillerie de la place, celle des vaisseaux, le carillon des cloches, les fanfares militaires, joints aux chants religieux et à l'alégresse publique animaient cette scène des plus heureux contrastes.

Le clergé marchait en tête des autorités et des corporations. On remarqua qu'au moment où S. M. entrait dans la ville, le soleil perça les nuages comme pour éclairer ce magnifique tableau. Les jeunes personnes les plus distinguées de la province et les plus belles, tenaient une riche bannière où elles avaient brodé ces mots naïfs :

A NOTRE ROI,

NOS VOEUX ET NOS FLEURS.

Tous les ordres religieux avaient obtenu de l'évêque, pour cette circonstance, la permission de sortir de leurs couvents et de se joindre au cortége. Les troupes du camp de manœuvre et une garde d'honneur formaient deux haies, depuis les premières lignes des fortifications jusqu'à l'église paroissiale, où le roi se rendit pour y faire sa prière. *Monseigneur* avait devancé son père de quelques minutes, voulant se trouver, hallebarde en main, à la tête de son régiment. Aussitôt que Sa Majesté aperçut le colonel, elle lui dit à haute voix :

— Je suis content du bon exemple que vous donnez, mon fils ; un prince doit toujours être à son poste.

Louis XIV était aussi heureux des témoignages d'alégresse dont sa marche avait été accompagnée, qu'il était satisfait des harangues qui, contre l'ordinaire, avaient été courtes. On eût dit que la ville était un lieu enchanté. Les illuminations et les transparents remplaçaient, au soir, les fleurs et les drapeaux qui avaient orné chaque croisée pendant le jour. Il en était une de peu d'apparence qui fixa délicieusement les yeux du monarque. Elle était entourée de quantité de pavillons ennemis, presque tous en lambeaux, que *Jean-Bart* avait envoyés à sa vieille mère, pour habiller un saint-Nicolas, que cette pieuse femme invoquait toujours pendant l'orage. Le roi voulut la complimenter sur un tel fils !

Les Arcs-de-Triomphe étaient dignes de Pérault, on aurait désiré qu'ils restassent toujours ; c'était chose presque triste de voir tant de talents dépensés seulement pour quelques heures.

Le roi et la reine durent passer une douce nuit ; car indépendamment des cœurs qui s'étaient épanouis à leur aspect, ils s'endormirent au son d'une mélodie ravissante que Lully avait improvisée tout exprès, dans l'espoir de les délasser, et qu'il avait fait exécuter devant lui, sous leurs fenêtres. Leurs Majestés, sensibles à cette attention, l'en remercièrent devant toute la cour; cela explique combien le génie était alors inventif, lorsqu'il voulait plaire à des princes, pour qui rien n'était perdu.

Le lendemain, ce fut le tour de la marine à fêter le roi.

Laissons parler à ce sujet le marquis de Quincy, dans son *Histoire militaire de Louis le Grand*.

« Le secrétaire d'état Mgr. de Seignelai,
» avait fait préparer un très-beau vaisseau de
» guerre. Le chevalier de Lery qui le com-
» mandait fit voir à Leurs Majestés toutes
» les manœuvres ; ce qui fut pour la cour un
» spectacle aussi nouveau qu'agréable. La
» première manœuvre fut celle des voiles,
» après laquelle le chevalier fit faire l'exer-
» cice des armes aux soldats. Il fit représen-
» ter ensuite un combat naval et un abor-
» dage. Ce plaisir finit par un grand repas
» que le roi donna aux dames, et où rien ne

» manquait pour la somptuosité et la délica-
» tesse. La cour s'en retourna ensuite à la
» ville après que le roi eut fait de grandes
» largesses aux équipages. Il était encore
» à bord quand il y fut visité par le comte
» d'Orfort et le colonel Jean Churchill, si
» connu depuis sous le nom du duc de Marl-
» boroug, que le roi d'Angleterre lui avait en-
» voyés pour le complimenter. Le marquis de
» Varguies en fit de même de la part du roi
» d'Espagne, et tous reçurent leur audience
» sur le vaisseau, avec la pompe convenable à
» cette occasion extraordinaire »

Le combat naval fut si bien exécuté, qu'au moment d'une forte explosion, on vit sauter en l'air et au milieu des flammes plusieurs matelots. Un cri d'effroi, fut répété à plus d'un quart de lieue à la ronde par des milliers d'embarcations se tenant à distance respectueuse de celles de la cour. Le roi, fort agité lui-même, voit sourire dans ce moment le marquis de Seignelai, il lui en demanda sévèrement la cause.

— Ce sont des manequins, que sa Majesté vient de voir tomber à la mer, et que j'avais fait faire pour produire plus d'illusion.

— Ah! tant mieux ; je ne voudrais pas d'un divertissement acheté par la mort du moindre de mes sujets, reprit Louis XIV.

La terreur s'était communiquée à la galliotte que montait la reine. Le roi craignant que ce spectacle n'eût causé une trop forte émotion à la duchesse de Fontanges qui semblait régner seule, depuis que madame de Montespan, n'avait pu être du voyage, envoya pour rassurer les dames, un des officiers de marine placés auprès de lui, avec mission de porter ses ordres. « C'était le chevalier Alain de Coëtlogon, dont il est déjà parlé, et cousin de la sage Louise de Coëtlogon, fille d'honneur de la reine, et mariée au marquis de Cavoie, surnommé le *Brave*.

L'élève de Tourville, dégoûté du digeste, avait passé du tribunal sur un vaisseau.

Aussitôt qu'il eut parlé, il voit les rires succèder aux lamentations. Mme de Fontanges reprit un peu des couleurs qu'elle avait perdues et qui dans ce moment complétaient le beau idéal. Coëtlogon en fut comme pétrifié et ne pouvait s'empêcher de l'admirer pendant même qu'il s'adressait à la reine. Mme de Fontanges, en apprenant l'histoire des mannequins fit un mouvement de joie et laissa tomber à la mer, une mentille que S. M. lui avait donnée à garder; elle était d'une grande richesse et venait de lui être envoyée par le roi d'Espagne. C'était la parure à laquelle la reine tenait le plus; à peine avait elle exprimé le regret de cette perte que Coëtlogon se jette à la mer, et ressaisit la mantille. Le chevalier nageait avec tant d'aisance, que ces dames, au lieu d'être effrayées, battaient des mains en le voyant regagner sans effort une des chaloupes de sauvetage qui suivaient par prévoyance les embarcations royales. Il s'était ainsi dévoué, moins pour faire sa cour, car il ignorait cet art, que pour être remarqué de Mme de Fontanges. En effet, elle le remercia, le soir même, avec une grâce qui sécha promptement les habits du jeune marin.

— Je suis plus que récompensé de mon zèle, lui dit-il, d'un ton assez brusque, c'est un de vos regards que je voulais, madame, pour la seule action de ma vie, et la plus minime, dont vous venez d'être témoin. Je remercie le boulet, de ne m'avoir pas enlevé de ce monde sans avoir vu ce qu'il renferme de plus radieux; cela m'aidera à attendre le grade et la croix de Saint-Louis, que j'ai mérités trois fois, et dont je n'ai pas le temps d'aller chercher les brevets, à votre Saint-Germain. Puis il disparut aussitôt.

Une chronique rapporte que le compliment de cet enfant des mers, quoique peu favorisé des dons extérieurs, ne déplut pas à la femme qui voyait cependant un monarque à ses pieds, et la chronique ajoute qu'elle prenait plaisir à entretenir son ancienne compagne, la marquise de Cavoie, de son parent, l'officier de marine.

Cette dernière, par un sentiment de piété qui lui était naturel, autant que par attachement pour Mme de Fontanges, qu'elle gémissait de voir duchesse au prix de l'honneur, profita du demi-aveu de son amie pour chercher à la ramener à la vertu. Voici l'entretien qu'elles eurent ensemble, à ce sujet, le jour de la fête nautique, en se promenant sur le bord de la mer.

— Je préférerais mille fois, chère Marie vous voir la compagne d'un bon gentilhomme, comme mon cousin Coëtlogon, par exemple, que de vous voir la favorite d'un prince; car on ne peut se dissimuler que ce rôle ne soit celui de la plus grande pécheresse ! Comment se fait-il que votre directeur ne vous détourne pas de cette voie par la peinture des tourments réservés à quiconque porte scandale et surtout à ceux qui doivent donner l'exemple, comme le disait dernièrement le père Bourdaloue.

—Bien au contraire, lui répond la confiante duchesse, il conçoit la difficulté de refuser quelque chose à son roi, à un Louis XIV ! Il dit qu'en attendant que la grâce m'arrive, l'on peut encore dans ma position rendre de grands services à l'état, sans oublier, ni sa propre famille, ni ses amis. Il me cite, à ce sujet, plusieurs maîtresses qui en ont usé de la sorte. Mais il exige surtout que j'use de mon empire sur Sa Majesté pour qu'elle redouble de soins envers la reine, afin de la dédommager de la portion d'amour que je lui enlève ; il assure que c'est de cette façon qu'on égalise les choses et qu'on rétablit souvent la bonne harmonie entre époux. Il prétend, de plus, que si j'eusse irrité le roi par des coquetteries trop opiniâtres, j'aurais pu avec l'amour que je lui inspire le rendre injuste et peut-être furieux, ainsi que cela s'est vu quelque fois, ce qui l'aurait fait détester de tout le monde, malgré tous ses mérites, et lui aurait sans doute valu des épithètes moins flatteuses que celle de Louis le Grand; car à côté d'une humeur altière disparaissent bien vite les autres qualités et même jusqu'aux vertus. Mon père spirituel a terminé ses instructions avant notre départ de Paris, en me priant de ne le point oublier pour l'abbaye de Bourgueil, du diocèse d'Angers, vacante par la mort de son abbé, le revenu est de seize mille livres. Cette bague au doigt, lui manque, dit-il, par dignité pour ma personne, et il la préférerait à la crosse d'évêque, si cet honneur devait le priver de diriger une conscience aussi docile que la mienne et une beauté aussi humble, a-t-il ajouté, telles sont ses propres expréssions; c'est un disciple du père Lachaise et presque aussi galant que lui et que le père Aubarède, dont je viens de recevoir une lettre des plus courtoises, à l'effet de disposer S. M. à modifier un peu le droit de *régal* (17).

— N'apercevez-vous pas, ma chère Marie, l'homme tout entier sous les habits du prêtre ; ces vêtements sacrés ne devraient-ils donc pas purifier toujours celui qui les porte ? Ah! s'il en était ainsi notre pauvre La Vallière, aurait été mieux dirigée ; au lieu de cela, voyez ses remords cuisants, voyez son corps affaibli, son visage fané. «A peine les nuits suffisent-elles pour réparer un peu les macérations du jour. Saint-Augustin disait juste, je crois, quand il écrivait que sur cent directeurs, on peut n'en pas trouver un bon.

—Ah! ne vous imaginez pas, chère Louise, que je me jette jamais dans un cloître; je n'ai point fait violence au cœur de S. M.; il est venu s'offrir à moi pour se consoler des rigueurs de ma compagne Beauvais (B); peut-être ai-je eu quelque mérite à ne pas le lui disputer, moi qui ne vis que de faste, de richesses, et de plaisir! Je sens qu'il est trop tard, ajoute-t-elle en soupirant, pour pouvoir échanger ces brillants avantages contre la tendresse de l'homme que j'aurais pu aimer, mais bien certainement ce ne serait pas pour un voile, une haire et une discipline. A chacune de nous sa vocation; j'embrasse, sans l'avoir cherchée, celle de Mme de Montespan, ma devancière. On dit que c'est le hasard qui conduit tout ici-bas; ne songeons qu'aux grandeurs, puisqu'il n'a pas voulu que je fusse la femme d'un modeste châtelain; la favorite se consolera aisément de n'être pas Dame de paroisse.

— *Nous sauverons son âme*, me disait dernièrement de vous, chère amie, ce bon Saint-Geniès, qu'on va voir quitter le commandement de Saint-Omer, pour entrer aux Pères de l'Oratoire. Elle est trop belle, notre jeune duchesse, ajoutait-il, avec l'exaltation méridionale, pour ne pas croire que d'ange déchu, elle redeviendra, avec l'aide du ciel, à sa nature première, et qu'elle s'envolera vers lui soutenue par les blanches ailes qui semblent appartenir si bien à sa chevelure blonde, à ses yeux noirs si doux et au son ravissant de sa voix.

Madame de Fontanges, après avoir souri à ce gracieux portrait, avait répondu :

— En attendant mon ascension, chère Louise, remontons dans mon joli carosse gris traîné par le plus bel attelage du monde, et allons faire le tour de la ville, jusqu'au moment où le roi fera donner le signal de la promenade sur mer.

Comme ces dames avaient dépassé les premières contrescarpes de Dunkerque, elles rencontrèrent en calèche les filles de la Reine et de Madame, qui venaient de parcourir les boulevarts et cherchaient Mme de Fontanges, cette âme de toutes les fêtes, pour la prier de les faire danser sur le vaisseau même où le roi devait les recevoir. La duchesse avait demandé à Coëtlogon si la chose était faisable. Il lui avait répondu d'abord par un sourire de douce ironie et d'amour tout à la fois, voulant dire par là que cette question était sans réponse et qu'elle eût à l'avenir à exiger de lui des choses plus extraordinaires, afin de mieux juger de son zèle. En effet rien n'était impossible au chevalier ; il comprenait tout, et, avec peu de moyens, il improvisait une fête. Il se surpassa, ainsi qu'on le pense, dans le désir d'être agréable à celle qui était déjà tout pour lui. De son côté, le secrétaire d'état de la marine, le marquis de Seignelai, cherchait l'occasion de faire sa cour à la favorite; il était heureux d'avoir sous sa main un officier sur lequel il pouvait se reposer entièrement.

Le temps seulement de faire visiter en détail à la Reine le bâtiment de guerre, avait suffi au chevalier pour composer une salle de danse occupant la longueur du vaisseau; elle était ornée de pavillons, de trophées d'armes et de drapeaux. Les mâts entourés de rubans, de piques, de fusils et de pistolets artistement groupés, portaient à leurs extrémités des fleurs fraîchement cueillies. Les chiffres de LL. MM., des guirlandes de verdures, des devises ingénieuses, des couronnes de laurier étaient suspendus aux agrès. Des orangers se mariaient à ravir avec les piles de bombes; dans quelques-unes étaient plantés des arbustes rares et d'un riche feuillage; le tout ensemble avait un air d'enchantement inconnu jusqu'alors.

Lulli avait pensé que le séjour à Dunkerque ne se passerait pas seulement en discours et en repas. Il s'était fait suivre des ménétriers de Saint-Germain, qui regardaient du haut de leur grandeur ceux que la municipalité avait envoyés à bord, et leur disaient : qu'ils ne s'entendaient point à faire danser les duchesses et les marquises, et qu'ils eussent à remonter sur leurs tonneaux de bière pour faire sauter les servantes. Les râcleurs flamands plus nombreux allaient exterminer les musiciens de la cour, quand Lulli plaça entre les champions sa baguette de *maestro*, qui, comme celle du *constable*, rétablit l'ordre sur-le-champ.

La Reine, vivement atteinte d'une indisposition qu'elle croyait être un commencement de grossesse, et aussi de sa promenade sur l'eau, s'était retirée au sortir de la table. La Dauphine, déjà ennuyée de l'étiquette, la suivit. Madame resta seule chargée par le roi de faire les honneurs; elle fut des plus gracieuses pour les dames de la ville, admises ce jour-là à la table royale. S. A. veillait à ce qu'elles ne manquassent pas de danseurs; elle leur envoyait les cavaliers les plus élégants et les pages les mieux tournés; du nombre étaient Folleville, Guébriant, Pomponne et Bellefonds; il n'y avait que Sévigné et Rothelin dont elle ne pouvait disposer, ils ne quittaient pas la place d'avec mesdemoiselles de Pons et de Sourdis. Enfin cette fête si pittoresque fut un sujet de colloque pour plusieurs générations de la province; mais l'on ne sait pas combien le roi fut troublé pendant cette soirée par un avis anonyme qu'il reçut et qui l'obligea de donner l'ordre secret de faire surveiller les aliments de madame de Fontanges. Il n'était pas sans se reprocher la lettre humiliante qu'il avait écrite à madame de Montespan ; il craignait tout, il craignait que la Voisin, brûlée vive récemment, n'eût laissé après elle quelques disciples gagnés par l'or d'une rivale, que l'abandon public aurait pu porter à un crime, tant son orgueil était irrité.

Le roi s'approcha de la Duchesse, et après lui avoir demandé si elle était contente du bal, comme il la voyait pâle et défaite, il la pria de lui dire où était le siége de ses souffrances.

« Quelles qu'elles soient, il m'est doux de les ressentir pour vous, Sire; d'ailleurs ce mal est supportable, lui répond-elle d'un air tendre, mais il faut laisser passer encore plusieurs jours avant de vous en entretenir : veuillez m'offrir votre bras, je suis restée trop longtemps assise. »

Louis XIV, un peu remis par ces paroles, la promena. Il aperçut Fagon, médecin de la reine, qui examinait des plantes marines dont le chevalier s'était servi pour la décoration de la salle. Il lui fait signe de venir et lui dit à l'écart :

— Vous n'ignorez pas la confiance que j'ai dans votre savoir; c'est pour cela que j'ai voulu que vous fussiez du voyage, afin de ne pas consulter Vallo sur des santés qui nous sont chères. Votre théorie sur la circulation du sang est si ingénieuse, si croyable qu'elle doit vous aider jusqu'à deviner les premiers symptômes de grossesse.

— Sire, ma décision est infaillible en pareille matière. La reine se croit enceinte et ne l'est point ; je viens encore de m'en assurer en lui tâtant le pouls. Mais elle est depuis plus d'un mois d'une faiblesse qui me donne de l'inquiétude. Je dois en prévenir votre majesté, dont la force d'âme nous est connue.

Le roi voulut qu'il causât avec la Duchesse.

— Je vous laisse seul avec cet astre, venez ensuite me rendre compte de son état.

Coëtlogon les conduisit dans une pièce disposée seulement pour les dames. Il ne fallut que peu d'instants au savant docteur pour étudier les battements des artères de la malade, puis il lui dit tout bas : « Madame, vous serez bientôt mère et peut-être souveraine, car notre excellente reine ne peut aller loin et jamais Mme de Montespan ne fut autant aimée que vous l'êtes.

— Et vous, monsieur, vous serez premier médecin du roi et conseiller d'état ! réplique d'un air triomphant la favorite, plus ambitieuse alors que tendre.

Sa Majesté, déjà fort impatiente, va au devant de Fagon, qui s'approche de son oreille et l'assure que ses vœux sont exaucés...

— Ah ! que je suis heureux, qu'avez-vous à me demander ?

— « Sire, ce que devraient demander à « tous les rois leurs courtisans pour n'être « plus en haine au peuple: diminuer de beau« coup les revenus de ma charge, si jamais « j'ai l'honneur d'être à la tête de votre ser« vice de santé, et d'abolir les tributs à notre

« profit pour les nominations aux chaires « royales de médecine; de plus, me laisser « faire une guerre à mort aux empiriques, « dans l'intérêt de la science et de l'huma- « nité » (18).

— Homme rare s'il en fut, répondit le roi, je vous volerai tôt ou tard à la reine.

Je vous charge d'organiser le départ de madame de Fontanges ; il faut qu'elle retourne dès demain à Paris ; mais à petites journées. Vous ne la quitterez pas d'une minute, m'entendez-vous bien? car je vous rends responsable du moindre accident qui lui arriverait.

—Je tâcherai de me rendre digne du choix que Sa Majesté veut bien faire de moi dans cette circonstance; je vais sur-le-champ commander la litière indispensable au voyage.

La Duchesse fit complimenter Coëtlogon, par le roi, pour les soins qu'il avait mis à organiser cette fête. On le nomma capitaine de vaisseau; de ce moment sa fortune fut assurée.

— Votre habit va être orné de la croix de Saint-Louis avant notre départ de Dunkerque, lui dit-elle; ce n'est pas la faute du roi si cette récompense s'est fait trop attendre.

— Je le crois, Madame; on assure que la cour est remplie de requins qui dévorent ce que nous enlevons à la pointe de l'épée; puis ensuite adoucissant sa voix : Il paraît aussi qu'il y règne de belles madones, qui sont favorables aux pauvres marins: que le ciel veille sur elles toutes et sur vous en particulier.

Il reçut ainsi que M. de Lery, sa nomination dans l'ordre de Saint-Louis, avec autorisation d'en porter seulement le ruban jusqu'à ce que l'accolade pût lui être donnée par M. de Tourville qu'il choisit pour parrain.

Le bonheur dispose encore plus à la bonté

et à l'indulgence. Le roi avait été si heureux pendant cette fin de soirée, qu'il avait accordé des faveurs, commué des peines capitales et même causé familièrement avec les hommes, ce qui lui arrivait rarement dans les assemblées où les femmes dominaient.

En se retirant il aperçut ses deux protégés qui dansaient avec les filles d'honneur. Il les nomme aux emplois suivants, et à sa manière accoutumée quand tout lui souriait :

— Bonsoir à mon lieutenant de Bourgogne, dit-il au marquis de Sévigné.

— Bonsoir à mon enseigne des Gendarmes de la Garde, s'adressant au marquis de Rothelin.

Les amis de s'incliner profondément et de recevoir les félicitations des dames, quand le prisme trompeur qui colorait si brillamment ce qui environnait ces couples fortunés, roi et sujets, tomba de leurs mains pour se briser.

A peine S. M. avait-elle quitté le vaisseau magique, que, s'en retournant à pied à Dunkerque, elle voit arriver ventre à terre un courrier tout poudreux et à la livrée de Montespan, qui lui remet en main, ainsi qu'il en avait l'ordre, la lettre que voici :

« Le roi ne pouvait supposer qu'avec le « caractère qu'il me connaît je laisserais « sans réponse la lettre étrange que son « favori, M. de Rothelin, m'a remise de sa « part ; avant que de prendre la plume, je « voulais attendre pour voir jusqu'où pou- « vaient aller certaines choses...

« J'avais cru, sotte que j'étais, que des « liens sacrés empêcheraient S. M. de pren- « dre un engagement sérieux, et que doré- « navant, ses infidélités se borneraient à des « caprices de peu d'importance ; comme à « une admiration momentanée pour une *sta- « tue de province*, ou à des entretiens fami- « liers avec Mme de Maintenon qu'il appelle

« ironiquement *mon esprit :* mais à la con-« duite qu'on affiche envers certaine fille « d'honneur, il paraît qu'il en est autre-« ment. Rien cependant n'autorisait le roi à « humillier la femme qui l'a rendu père « d'une aussi belle famille. Athénaïs de « Montespan est trop grande dame, pour « chercher à ramener à elle quiconque s'est « rendu indigne de ses faveurs ; fût-ce même « un prince, ce manège est celui des femmes « de petite naissance ou de petit génie. J'en « suis donc avec S. M. pour la perte totale « de ma réputation ; mais les circonstances « ne me vengeront que trop ! Toutes les an-« nées du règne de *Louis-le-Grand* ne res-« sembleront pas à 1680 ; car il lassera la « fortune comme il a trahi l'amour.

« Je vais expier dans la solitude et la pé-« nitence le mauvais exemple que j'ai « donné. Puisse-t-il être au moins pro-« fitable à S. M., et lui persuader que ce

« qu'on pardonne à un Roi de vingt ans, « on le lui reproche quand il en a qua- « rante » (19).

Marquise de Montespan.

Cette lettre avait fait une vive impression sur le roi, elle était pour lui d'un triste augure : on sait que quelques mois après l'avoir reçue, la duchesse de Fontanges, cette reine d'une année, s'était fortifiée par la prière à l'abbaye de Chelles dont sa sœur était abbesse. L'abbé de Laroche-Jaquelin, le nouvel aumônier du roi, venait d'achever une conversion bien inattendue. La favorite se retira subitement du monde lorsque Louis XIV faisait répéter pour elle l'opéra du *Triomphe de l'Amour*, que Lulli et Quinault avaient composé tout exprès.

Elle alla mourir à l'abbaye de *Port-Royal* de Paris, à l'âge de vingt ans. Elle fit appeler secrètement le roi, après avoir reçu l'extrême-onction; il versa des larmes en la voyant, et recueillit de cette bouche adorée ces douces paroles, qu'elle pouvait à peine prononcer, et qui prouvent que la femme la plus légère peut avoir un moment de sensibilité dans la vie :

—« Je meurs contente, puisque mes derniers regards ont vu pleurer mon roi ; puisse l'enfant qui me coûte la vie lui rappeler sa mère.... »

Louis XIV perdit aussi cet enfant.

Mesdemoiselles de Pons et de Sourdis, les deux compagnes de la duchesse de Fontanges, finissent fatalement dans la même année : l'une est consumée dans sa robe de bal, et l'autre périt dans les flots.

Coëtlogon affronta avec plus d'ardeur encore les dangers de la guerre dès qu'il eut appris que la Duchesse avait cessé de vivre : bien que son amour pour elle fût *sans espérance*, le chevalier trouva la gloire où il cherchait la mort, et promena longtemps de mers en mers sa profonde mélancolie, jusqu'à ce que le bâton de maréchal, devînt son bâton de vieillesse.

Le roi, qu'on surprenait souvent triste et fâcheux, se jetta dans les bras de la religion. Il épousa plus tard la veuve Scarron qui lui laissait apercevoir qu'il n'était *plus amusable.*

Charles de Sévigné, voulant s'étourdir sur son chagrin, s'occupa de plusieurs femmes, qui le trahirent comme Ninon de Lenclos et la Champmêlée. Sa raison et sa santé en reçurent de fortes atteintes, et sa fortune une plus grande encore.

Henri de Rothelin perdit une de ces successions qui aurait pu le consoler de beaucoup de choses, et une femme qui valait, disait-il, une maîtresse. Il se reprocha de l'avoir trompée, et fut se faire tuer, l'année suivante, au combat de *Leuze* en donnant de grandes preuves de valeur. Ainsi le roi et ses jeunes favoris ne furent pas longtems heureux : c'est que le plaisir et le bonheur sont de courte durée ; il n'y a de complet dans la vie que la *douleur*, et de consolant que la *Grace* qui en adoucit l'amertume, quand un rayon divin l'a fait pénétrer dans notre âme.

RÈGNE DE PHILIPPE V.

dit le Long. (Année 1321.)

Les Poètes à la Cour.

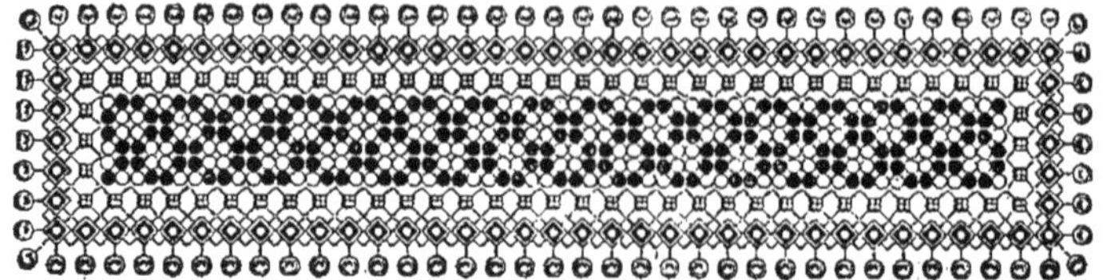

Que naïve elle était cette cour de nos reines
Où nobles troubadours, où jeunes châtelaines,
Où chevaliers sans peur devisaient sur l'amour,
La chasse, les tournois, la ballade du jour,
Où maints amants discrets, beaux martyrs de leurs flammes,
A l'égal de la croix ont adoré leurs Dames !

DENNE-BARON.

Celui qui aime le danger y périra, dit l'Ecclésiaste. Les travers de l'esprit amènent parfois les égarements du cœur ; les faux diamants ont l'éclat des véritables, et le *Sophisme*, ce stras brillant nous aveugle quand il est bien taillé; chacune de ses facettes chatoie à notre imagination avant que d'arriver à nos sens.

Le siècle dernier venait de voir Amaury de Chartres égaré par la philosophie d'Aristote. Il avait fait secte, comme Abeilard; non moins éloquent que cet ami de Pierre le Vénérable, de nombreux disciples propageaient sa doctrine.

« Suivant lui la matière était Dieu, il re-« connaissait dans sa-toute puissance, le Père, « le Fils et le Saint-Esprit, auxquels apparte-« nait l'empire du monde, qu'il regardait « comme l'objet de la religion. Il disait « que cette matière première étant dans un « mouvement continuel et indispensable, « la Religion et l'Univers devaient finir « et tous les êtres rentrer dans le sein de « l'argile animée qui est le premier être, « l'Etre des Etres le seul indestructible...

« La Religion, avait-il ajouté, aura trois

« époques, qui sont comme les règnes « de chacune des Personnes de la Trinité. « Le règne du Père a duré pendant toute la « loi Mosaïque ; le règne du Fils, ou la re- « ligion Chrétienne, ne doit pas durer tou- « jours ; les rites qui en font l'essence, ne « doivent pas être éternels. Il viendra aussi « un temps où les sacrements finiront ; alors « commencera la religion du Saint-Esprit, « dans laquelle les hommes rendront à l'Etre « suprême un culte tout spirituel.

« Cette époque de perfection sociale sera le « règne de la troisième Personne que nous « annoncent les divines Ecritures et qui suc- « cèdera à la religion chrétienne, ainsi que « religion chrétienne a succédé à la religion « Mosaïque. La religion chrétienne sera donc « le règne de Jésus-Christ dans le monde, et « tous les hommes, sous cette loi, devront « se regarder comme des membres du fils de « Dieu. »

Innocent II lança contre Amaury et ses prosélytes l'anathême et l'excommunication ; car ces derniers n'avaient pas craint d'ajouter que toutes les actions dictées par la Charité, ne pouvaient être mauvaises, même l'adultère, et qu'il fallait se sacrifier à l'homme ou à la femme, si vous aviez le malheur d'inspirer à l'un d'eux une violente passion plutôt que de les voir se consumer et mourir.

Les fausses interprétations des textes sacrés par ce maître, et les exagérations de sa doctrine par ses élèves, valurent aux plus fanatiques de périr dans les flammes après qu'on eut déterré les ossements d'Amaury pour les jeter aux chiens, et que le livre du prince des philosophes eut allumé les bûchers.

De longues années s'étaient écoulées depuis cette démence, lorsqu'une femme s'en trouva frappée soudain, et vint y ajouter encore. On la nommait Marguerite Porrète; elle sortait du fond du Hénault et se disait illuminée du rayon divin ; elle marchait suivie d'un cortège qui augmentait à mesure qu'elle se faisait entendre.

Les femmes de la cour, sevrées de plaisirs et de fêtes par suite de nos pertes à la bataille de Courtray, où l'élite de la noblesse avait péri, accueillirent avec transport la brillante sectaire qui apportait quelque distraction à leur ennui.

Un jour donc, après l'office des vêpres, on l'introduisit en cachette, à l'abbaye de Monbuisson, que Blanche de Bourgogne avait choisie pour le théâtre de ses débauches ; elle y avait convié ses belles sœurs et les Dames de leurs cours, avec recommandation de n'en parler ni au roi, ni à ses frères, ni aux maris de chacune d'elles, qu'une grande chasse avait conduits au bois de Vincennes. La *charmeresse*, c'est ainsi qu'on l'appelait, se sentant plus à l'aise devant un auditoire si désireux de l'entendre, ne fut que plus entraînante. Sachant combien la femme a d'influence sur les choses d'ici-bas, elle n'oublia point d'en faire l'éloge, et commença ainsi, après s'être signée et avoir pris une attitude imposante :

« Princesses, Dames et Damoiselles rassemblées en ce saint monastère pour y recueillir les paroles d'une prédestinée, je ne crains point de vous dire que Dieu tout entier est dans l'amour mutuel que nous nous devons les uns envers les autres. C'est ce qu'a fait entendre mon illustre devancier Amaury de Chartres, quand il a prédit à vos pères le tems où les deux sexes feront corps avec la troisième et divine Personne, et que les pratiques extérieures de la vieille mère Eglise seront inutiles (a).

« L'homme, cet être incomplet et éminemment égoïste, doit recevoir de nous sa perfection, aussitôt qu'il aura reconnu que nous sommes le plus bel ouvrage de la création, et qu'il sera imbu de cette vérité : que nous lui avons été données pour le rendre heureux et non pour rester esclave et victime de ses caprices.

« Remarquez que, si une femme a été la cause de la mort du premier homme en lui persuadant la désobéissance aux ordres de Dieu, ce Dieu de bonté a voulu que ce fût une autre femme qui vînt nous apporter la source de vie et donnât le jour au sauveur du monde ; ainsi donc depuis l'heureuse venue de la *Vierge*, deux fois honneur à la femme!

« Partout où j'ai prêché, partout où mon livre a été lu, j'ai laissé l'homme meilleur. Bientôt nous serons de sa part l'objet d'un culte secondaire. Mais n'attendons pas que le ciel nous fasse jouir de ce triomphe, humilions nous, nobles Dames, aimons les premières, et lorsque les sexes se seront mutuellement jetés dans le sein l'un de l'autre, ils remercîront en commun le Très-Haut, et quand leurs âmes seront parvenues, à force d'exaltation, à l'état d'anéantissement dans l'amour de Dieu, le péché deviendra impossible.

« Pendant ce ravissement on pourra innocemment se livrer à des plaisirs défendus au vulgaire. Tout dogme opposé à celui-là est une hérésie, et je vois dans un avenir prochain l'émancipation de la femme ; car l'homme forcé d'avouer qu'elle lui est supérieure en dévouement, et qu'elle l'égale en intelligence, partagera avec sa compagne, son amie, son soutien, et quelquefois son guide ici bas, les travaux de l'esprit, et reconnaîtra enfin qu'elle est reine sur la terre, comme Marie est reine dans le ciel. »

Cette doctrine débitée avec l'éloquence que donne la persuasion et un bel organe relevé par un noble visage et une taille majestueuse, se dessinant sous un costume sévère, avait fait école à la cour et jeté de profondes racines dans les esprits faibles et dans les natures mobiles.

Après la péroraison, il y eut un repos pendant lequel les dames se regardaient sans oser témoigner leur surprise, parceque la princesse Blanche ne s'était point encore prononcée ; mais dès qu'elle eut dit que ce discours lui paraisait sublime, Dames et Damoiselles enchérirent sur son jugement et crièrent au miracle en appelant Marguerite Porrète un second Messie. Toutes sollicitèrent comme une grâce sa bénédiction, et l'assurèrent qu'elle n'avait rien à craindre et que si on voulait la victimer, elles lui feraient un rempart de leurs corps. Elles ajoutaient : que Rome y regarderait sans doute à deux fois avant que de brûler des dames de haute naissance et une grande Prophétesse.

Cette doctrine, toute dégagée qu'elle était des idées mystiques, n'en avait pas moins quantité de partisans parmi les femmes. On avait chassé des villes les plus dangereux apôtres autour desquels venait se grouper une jeunesse toujours amante de la nouveauté. Ils erraieut dans les forêts et sur les montagnes avec de pauvres filles, qui abandonnaient leurs parents pour les suivre et se perdaient sans retour par les conseils des prostituées mêlées au cynique cortège.

Marguerite Porrète semblait d'autant plus suspecte, qu'elle se laissait aller au plaisir dangereux de convertir des princesses et toute une cour de femmes vivant déjà dans la corruption.

Les unes lui avaient fait porter bagues et collier, et se les étaient ensuite passées dans les doigts et au col, afin de recevoir ses émanations ; d'autres dames avaient poussé le délire jusqu'à lui acheter un prix fou les habits et le linge dont elle était couverte, pour s'en revêtir aussitôt.

Les présents de toute nature abondaient chez la Sibylle; mais un jour qu'elle était au moment de se mettre à table et de faire les honneurs d'un grand repas qu'elle donnait à de jeunes docteurs parmi lesquels elle avait pris un amant, les gardes de la chancellerie pénétrèrent jusqu'à la salle du festin, et l'huissier qui les accompagnait en ouvrit les croisées, et cria à haute voix au peuple assemblé : Bourgeois et manans, la justice vous permet de venir manger le dîner d'une hérétique, et d'emporter ce que vous trouverez séant; aussitôt la foule se précipita dans la maison, et la mit au pillage. Les convives prirent la fuite, Marguerite Porrète fut arrêtee et brûlée vive quelques jours après.

Bien que l'on sût que ses cendres eussent été jetées au vent, on supposait qu'une partie en avait été recueillie; il s'en débitait secrétement de petits sachets qu'on portait en guise d'amulettes, et qui avaient la vertu de préserver de l'indifférence du prochain.

Au bout de dix ans, l'atmosphère était encore chargée de ces miasmes pestilentiels; car la secte existait dans plusieurs classes, et notamment à la cour, où ses partisans occupaient les premières places : telle est pourtant l'origine impure du *Quiétisme.* Qui se serait douté alors que quatre cents ans plus tard, il ferait d'autres ravages, en donnant lieu à des disputes où deux beaux génies de la chaire chrétienne, Fénélon et Bossuet devaient alarmer la religion et diviser l'Eglise (8) ?

Philippe V venait d'échapper aux plus grands des malheurs : *le doute en paternité.* A chaque inconséquence qu'il avait vu commettre à Blanche et à Marguerite de Bourgogne ses belles sœurs, exaltées ainsi que les femmes de leur suite, par des doctrines qui flattaient leurs passions, il remerciait le ciel de ce que cette lèpre n'avait pas entièrement gangrené la reine, et se trouvait heureux de l'arrêt du parlement qui l'avait proclamée innocente ; quoique sa vertu eût été fortement soupçonnée.

L'adultère, ce fléau pire que la famine et la peste, étendait de nouveau ses ravages, de la cour à la ville, après avoir porté la désolation dans la famille royale. Les frères du roi avaient fait juger leurs femmes ; celle de Louis-le-Hutin fut étranglée dans un cachot ; celle de Charles fut rasée, jetée dans un cloître, et Philippe et Gauthier d'Aunay, leurs amants, écorchés vifs, décapités et suspendus par les bras à une potence (1).

Partout on ne parlait que d'assassinats. La vengeance altérée de sang n'attendait même pas les ombres de la nuit, pour satisfaire sa soif, et quand on ne voulait pas prendre la peine de percer le corps de l'homme qui vous avait déshonoré, on trafiquait de ses jours, et on le regardait tomber en se mettant tranquillement à la fenêtre, afin de mieux jouir de ce spectacle. Le bourreau à domicile était devenu une profession; la vie d'un séducteur ne tenait plus qu'à quelques sous d'or, ou à quelques livres parisis, suivant la condition de celui dont on voulait se défaire.

Le supplice réservé aux femmes coupables se subissait ordinairement le soir, et de préférence pendant le glas qui annonce un service funèbre; au moyen de cette précaution leurs gémissements se trouvaient assourdis; car on ne pouvait toujours étouffer la victime entre deux matelas.

Alors on faisait venir un clerc en chirurgie; elle était de suite bâillonnée, garottée à la quenouille du lit, puis, il la saignait des quatre membres, tenus chacun par autant d'aides; il fallait donc être cinq pour cette exécution, la plus coûteuse de toutes; mais le mari outragé ne la marchandait pas, il trouvait au contraire que ce plaisir des Dieux ne devait jamais être trop payé, et l'escarcelle s'ouvrait d'elle-même.

Des calamités plus générales désolaient la France; sa noblesse moissonnée par des guerres désastreuses, la fortune publique dissipée en Orient, les Juifs massacrés sur plusieurs points du royaume, et parmi lesquels était grand nombre d'innocents, des empoisonnements tentés par ces premiers, sur des provinces entières, les tribunaux eux-mêmes se souillant de crimes, telle fut la dure école qui contribua à rendre Philippe V un prince accompli.

Jeanne de Bourgogne, naturellement coquette, aimait cependant le roi. Il était beau comme ses frères et avait de plus sur eux les avantages de l'esprit; elle ne comprenait pas le mauvais goût qu'avaient eu ses belles sœurs de se donner corps et âme à des gentils hommes mal tournés, de mauvaise mine et tout à fait ignorants. Elle était fort humiliée de ce que le bruit courait qu'elle faisait monter à la tour de Nesle le premier venu, et le faisait jeter à l'eau après s'être souillée avec lui. Elle avait eu pour système qu'il fallait laisser à penser à l'époux qui a reçu les serments de sa femme que d'autres hommes envient son sort, et qu'il doit se rendre digne de la préférence qu'elle lui a donnée sur ses rivaux, en ne laissant jamais refroidir l'amour qu'il a juré.

Depuis que cette fausse route avait failli la perdre, elle était revenue à une manière franche et simple de témoigner sa tendresse que le roi préférait à tous les manèges féminins; car il donnait loyalement et sans aucun calcul, l'exemple de la fidélité conjugale, malgré les avances sans nombre dont il était l'objet, et cela depuis les plus nobles dames jusqu'aux villageoises. Aucune d'elles ne le voyait sans lui laisser à penser qu'il pouvait tout oser, tant elles trouvaient de charmes dans sa personne, bien que sa haute taille fût très-imposante; mais un organe caressant, des manières affables semblaient la diminuer, outre que ce prince l'inclinait toujours avec grâce et souplesse.

Un soir que Leurs Royautés se promenaient seules sur la terrasse du nouveau Palais appelé l'hôtel des fossés Saint-Germain, elles eurent cette conversation, après avoir renouvelé un bail d'amour qu'ils avaient laissé expirer froidement par suite de rapports dont ils étaient inondés sous le voile perfide de l'anonyme.

— J'ai ouï avec un grand contentement, ma belle Jeanne, ta résolution de vivre plus que jamais en bonne chrétienne, et en chaste épouse; c'est ainsi que bonheur et salut sont assurés à la femme. Ne crois pas que je veuille pour cela te priver des plaisirs innocents que certains prélats osent déjà condamner depuis l'ordonnance qui les exclut du conseil, par suite des scrupules dont j'étais tourmenté en les voyant si longtems éloignés de leurs troupeaux. J'entends par ces plaisirs ceux de l'esprit à qui nous devons les représentations de nos Mystères, et autres pièces à plaisantes moralité et à féeries (1), que nous entremêlerons de rondes dansées au son de la nouvelle viole d'amour, et du nouveau luth, plaisirs encore dangereux disent ces prêtres peu tolérants, comme si tout ne l'était pas, quand femme n'appelle point à son aide la religion et le devoir.

— Votre langage est tout doré, mon seigneur, ainsi que vos vers, et Gilles de Montagu ne saurait mieux moraliser en Sorbonne. Croyez-moi, entourons-nous à l'avenir d'hommes de génie; les poëtes étant ceux qui en ont le plus, ils remplaceront les méchants et les sots, les fourbes et les cupides qu'on a vus peu à peu, et à force d'intrigues et de bassesses s'introduire à notre cour et y commander en maîtres, du jour où, prenant les apparences pour la réalité, ils m'ont crue plus coupable que je n'étais, et ont cherché à me perdre, comme ils ont perdu nos sœurs Blanche et Marguerite.

— Il y a longtemps que j'ai ce dessein, reprit le roi; mais je devais y renoncer, tant ils avaient d'appui auprès des membres de notre famille. Les procès flétrissants dont elle a été entachée motivent assez cette mesure, et il est temps que de perfides conseillers aillent expier dans l'exil leur lâches complaisances.

Une cour sans ambitieux ni flatteurs paraissait presqu'impossible à former. Le savoir et la sagesse devant aussi remplacer la médiocrité et la licence, compliquaient la difficulté. Une telle réforme était digne d'un cœur où la vertu venait de rentrer, et qu'elle purifiait à mesure qu'elle s'exaltait par l'amour du bien.

La nuit devait mûrir de nouveau ce projet, et la prière du soir allait demander à l'Esprit-Saint de jeter sa clarté sur son exécution, quand deux bruits troublèrent successivement cet entretien.

Le premier, triste et monotone, annonçait qu'un jour de plus est retranché de la vie; c'était le couvre-feu.

Le second, plein d'harmonie, accompagnait une voix séraphique, semblable à celle de l'ange qui nous appelle vers Dieu : c'était la fille du poëte Pierre Milon, que son père avait surnommée *Blanche-Rose* par allusion à la pureté de pensées et de visage qui enveloppait cette Muse comme d'une nuée transparente que le souffle de la séduction ne pouvait ternir. Il lui avait donné le nom de Béatrix, en honneur des poësies du Dante qu'il lui avait apprises. Elle chantait à son balcon, richement dentelé, les stances dont elle avait composé la musique, et que la reine avait demandées au vieux gentilhomme sur les dangers de l'étoile du berger. Cet astre avait été témoin, disait-on, de quelques mystères, lorsque Philippe vint en personne à la cour de Bourgogne offrir à Jeanne de partager le trône de France. Alors, saisis l'un et l'autre de leur beauté réciproque, ils s'étaient reproché plus tard de s'être donné clandestinement une de ces caresses auxquelles cette reine attribuait depuis son retour à la religion, la voix sévère qu'elle entendait par fois dans son sommeil. Elle avait sans cesse présents à l'esprit les sermons foudroyants de frère Guillaume de Lynais, son confesseur et l'aumônier du roi, qui lui en avait fait une si sombre peinture en appelant cette faute : *le baiser de l'Enfer.*

Les paroles de l'air mélodieux de Blanche Rose n'étaient pas arrivées dictinctement jusqu'à leurs Majestés ; il fallut attendre au lendemain pour les leur présenter ; c'était le jour de réception consacré aux poètes. Sire Milon se fit annoncer le premier, et remit à Jeanne de Bourgogne les vers naïfs et pleins de charmes qu'il n'est malheureusement pas possible de traduire dans notre langage moderne.

Dès que le roi aperçut le gentilhomme, il lui communiqua le projet qu'il avait conçu, et lui dit qu'il allait le pourvoir de la charge de premier maître d'hôtel.

—« Mais je n'aurai jamais l'esprit de faire manger, à temps et heure, notre roi ainsi que tous ses commensaux, dont plusieurs font un Dieu de leur ventre, et sont mille fois plus difficiles et plus délicats à nourrir que les jeunes princesses; cette charge m'empêcherait en outre d'élever ma famille et de surveiller mon modeste héritage, déjà si diminué par nos anciennes guerres. Dirai-je encore qu'à soixante ans, il faut savoir mettre un intervalle entre la vie et la mort, et que ce n'est point à la cour que l'on peut se préparer au grand départ.

— Vous ferez facilement face à tout, reprit le roi ; le service de ma table sera tellement simplifié, qu'il va devenir un canonicat pour maître Queue. Je n'aurai que trois plats à mon dîner, comme avait mon père. La petitesse d'une cuisine doit faire la grandeur d'une maison. Plus de bouches inutiles, je les supprime dès aujourd'hui.

La fauconnerie va également recevoir des réformes ; on ne chassera que dans nos domaines, et jamais au dehors, où nos meutes abîment les guérets, dispersent les bestiaux, dévorent les basses-cours, mordent les enfants, et nous font maudire du laboureur, ce père nourricier de tous, déjà si pressuré par son Seigneur, et lésé par le marchand, qui vend à faux poids, abus que, du reste, on va voir cesser bientôt, en établissant une unité générale et bien surveillée.

Je ne veux pas non plus que le luxe de ma nouvelle cour scandalise le peuple, car c'est lui qui paie, et, depuis que les parures coûteuses s'introduisent dans les classes inférieures, elles les énervent, et nos fabriques enlèvent des bras à l'agriculture.

Le plaisir d'une ménagerie me fait honte aussi, lorsque j'y pense : c'est plus qu'un sot amusement, c'est un spectacle inhumain. La nourriture qu'on donne aux bêtes est souvent enlevée aux hommes, et, tant qu'il y aura un pauvre dans nos états, nous ne devons pas entretenir des animaux malfaisants, qui ne servent qu'à occuper l'oisiveté du riche et à entretenir la paresse des mauvais garçons ; car le pauvre y est assez indifférent. Le voir mendier son pain à la cage d'un tigre ou d'un ours, est un tableau qu'il faut cesser de mettre sous les yeux des hommes. Quant à la bête plus inutile encore que toute une ménagerie, et qu'on nomme *le fou du roi*, j'aurais dû la renvoyer depuis longtemps. La vérité qui nous arrive par un organe impur ne mérite pas d'être payée ; d'ailleurs le mien ne dit que des sottises ; de tels lazis coûtent toujours trop, et, avec ce que dépense ce personnage ridicule et son difforme compagnon le *Nain*, j'équiperais par année dix beaux sergents d'armes.

Qu'ai-je besoin encore de tant de cavales et de palefrois? mes montures de guerre doivent principalement occuper mes écuyers.

Il en est de même du service de mon vestiaire : à quoi bon un tas de costumes qui se fanent ou se mangent aux vers dans les bahuts rongés eux-mêmes par ces insectes? Un habit complet pour chaque saison est tout ce qu'il me faut, indépendamment des costumes de cérémonies et des vêtements et armures de combats; ces derniers étant mieux soignés dans notre arsenal que dans notre hôtel, mes nouveaux valets de chambre n'auront rien à faire. Dites bien cela, Pierre Milon, à vos frères en poésie que je vais attacher à nos personnes si, comme vous, ils allaient s'effrayer des devoirs de leurs charges.

La seule mission sérieuse que vous aurez tous à remplir, sera de réformer les mœurs par vos écrits, de nous traduire les chefs-d'œuvre de l'antiquité, et d'épurer le goût en enrichissant notre langue, comme a fait Jean de Meung dans les belles épîtres d'Héloïse, dont je voulais depuis longtemps donner le plaisir à nos dames.

Le roi allait formuler les instructions relatives aux études de ses enfants, lorsque Hugues de Grammont, son favori, qui avait été page de Philippe-le-Bel, et dont les saillies l'amusaient, vint lui annoncer, en sa qualité de chambellan, que les poètes étaient réunis dans la salle des gardes, et qu'il n'y avait que de vieilles maîtresses et des créanciers qu'on pouvait faire attendre.

La reine devait être présente à la réception qui allait être faite au Parnasse français. On eût dit que tous les beaux esprits s'étaient donné rendez-vous, afin de recevoir en même temps les grâces dont ils allaient être l'objet.

Le vicomte de Melun, grand chambellan, reçut des mains du roi la liste des nouveaux dignitaires pour la remettre à l'huissier, avec ordre de les annoncer avec leurs titres dans la salle du trône, où déjà Pbilippe V, entouré des fidèles et purs débris de sa cour, allait les recevoir. A chaque nom qu'on entendait prononcer, des musiciens cachés derrière les tapisseries, exécutaient une ritournelle. Hugues de Grammont, remplissant cette fois la fonction de maître des cérémonies, assignait à chaque poète la place qu'il devait occuper près des Majestés. Rien de plus divertissant que leur surprise, à mesure qu'ils s'entendaient nommer; il s'imaginaient que c'était une plaisanterie, et, quand ils furent persuadés qu'il n'en était rien, ils n'en croyaient pas encore leurs yeux ni leurs oreilles.

Giraudon le Roux, Guillaume Désamaury, Loys Pistolette et Améric de Sarlat, *gentilshommes de la chambre*, et Bernard Marchis, *chambellan*, allèrent occuper la droite du roi et de la reine; Pierre Milon, *premier maître d'hôtel*, Ozil de Cadras et Pierre de Vallière, l'un, *écuyer cavalcadour*, l'autre *écuyer tranchant*, se placèrent à la gauche. Hugon de Dampierre, François Bouchard, *ses valets de chambre*, et Loys Emery, sieur de Rochefort, son *secrétaire*, qui l'avait été du roi d'Aragon, se tinrent tous trois derrière les fauteuils et sur le même rang que les pages.

Après qu'ils eurent prêté serment entre les mains du chancelier Jean de Cherchemont, ils se retirèrent ivres de reconnaissance et de bonheur. Cet heureux événement les avait tellement inspirés, que, dès le lendemain de la cérémonie, ils présentèrent à Leurs Majestés épître sur épître. Bientôt la prose sembla bannie de la cour; on ne s'abordait plus qu'en vers, aussi les pauvres gentilshommes qui n'en pouvaient composer, et étaient trop dignes pour en acheter et les donner comme de leur façon, se trouvaient-ils les plus malheureux du monde. Les femmes surtout devenaient d'une exigence extrême; on ne pouvait plus les approcher sans rimer, depuis que Philippe avait donné le diapason en adressant à Jeanne de Bourgogne des vers en honneur des nouveaux liens contractés entre eux sous un ciel brillant de poésie et de pardon (3).

La cour, toute purgée d'intrigues qu'elle

était, conservait néanmoins un léger parfum de galanterie. Les seigneurs illettrés, qui ne pouvaient obtenir la plus innocente faveur, se réunirent, et convinrent, d'un commun accord, de s'initier à la secte des *Galois* et des *Galoises* nouvellement établie en Poitou (4).

Les chevaliers et les écuyers de l'ordre disaient aux femmes : « Le beau mérite, ma foi, de vous aborder avec des rimes toutes trouvées entre quatre murailles bien chauffées en hiver, ou sur le bord d'un ruisseau ombragé d'arbres en été. Vos poètes, vêtus à la légère pendant la chaleur, et couverts de fourrures pendant la gelée, ne vous prouvent que bien faiblement leur amour. Nous ferons mieux que cela nous autres ignorants, dont le culte pour vous est dans le cœur plutôt que dans la tête, nous voulons braver sous vos fenêtres les rigueurs des saisons, et payer, s'il le faut, de la vie le moindre de vos regards. »

Ce programme avait un peu rompu l'harmonie que les poëtes avaient cherché à établir. Les femmes étaient divisées d'opinion ; celles qui se croyaient plus aimées par les ignorants que par les lettrés disaient aux autres: « Mais, comparez donc les dévouements; déjà nos chevaliers à nous, ne nous abordent qu'en toussant, se mouchant, n'en pouvant plus. Des dames de la ville et des châtelaines en ont trouvé expirant de froid au sortir de chez elles, et n'ayant sur le corps que des chausses et la chemise d'été. Laissez venir les chaleurs, et vous en verrez tomber comme mouches, enveloppés de peaux de bêtes, afin d'ajouter encore au martyre d'une fin si nouvelle, si héroïque, et ajoutons si glorieuse pour nous ! »

En effet, la ronde de nuit en avait rencontré, rue Pavée, sous les fenêtres de damoiselle Milon. Le claquement de leurs dents avait aidé à les reconnaître dans l'obscurité. En ce moment ils se disaient entre eux : « Celui de nous trois qui tombera le premier sera jugé le plus passionné ; les deux autres témoigneront en sa faveur ! C'est surtout à la fille d'un poète qu'il faut que nous prouvions que le génie est inutile en amour, et que ce sont les pauvres d'esprit à qui le cœur brûle le plus fort pendant une gelée blanche. »

Quelques jours avant on en avait aperçu deux qui grelotaient au guichet de l'hôtel de Navarre. Enfin le crieur des morts, en sortant de la ruelle Saint-Severin, en avait vu un étendu raide près le collége de Clugny, et râlant déjà sa trop grande ardeur. Dans le quartier *outre grand-pont*, la patrouille des sergents à pied en avait ramassé un autre étendu et sans mouvement sur les marches du perron de Claudine Tapperel, belle-sœur du prévôt de Paris. On le porta aux *Blancs-Manteaux*, où les religieux le rappelèrent à la vie, et le firent entrer dans leur ordre, à la suite de touchantes exhortations.

La province qui a donné naissance à ces êtres désintéressés doit être fière, prétendaient les dames *Galoises* : ce sont les vrais élus en amour, le paradis de Mahomet leur sera ouvert. Nulle part, dans aucun temps rien de semblable ne s'est vu, et jusqu'aux personnes de notre sexe, accusées si injustement de légèreté dans le commerce des âmes, viennent aussi de se distinguer ; quelques-unes ont succombé aux dures épreuves que des hommes d'une barbarie raffinée ont exigées d'elles ; en ne se croyant aimés qu'autant qu'ils les verraient rendre le dernier soupir sur une borne et sans vêtement aucun ; tels que beaucoup d'entre nous voulaient le faire dans leur amour pour Dieu, lors de la dernière procession à Montmartre (5).

Les dames et damoiselles qui, au contraire, avaient le plus inspiré les poètes ne voulaient pas se rendre à ce raisonnement et se trouvaient les mieux partagées; elles prétendaient que cette nouvelle secte de fous était une rivalité d'homme à homme, établie sur des amours-propres susceptibles; une lutte entre la pensée et l'idiotisme, et pas autre chose.

Les querelles s'envenimant par degré, la reine crut devoir les faire cesser en réunissant les plus passionnées de chaque côté et en prenant pour juge de leurs différends deux femmes qu'on savait avoir été étrangères à ces débats. L'expérience de l'une était aussi utile pour décider la question que l'inexpérience de l'autre, et la vertu qu'on reconnaissait à toutes deux devait rendre leur décision infaillible.

La première, Isabeau de Rumigny, veuve de Thibaut II, duc de Lorraine et troisième femme du connétable de Chatillon, était délaissée de son mari, parce qu'elle ne cessait de parler de son défunt époux, qui passait pour avoir été de son temps l'homme le plus beau et le plus épris de sa femme, lui qui avait toujours préféré l'amour à la gloire, tandis que le connétable déja courbé par l'âge n'aurait pas échangé un de ses lauriers contre un baiser de jeune fille. Sa femme avait hérité de sa mère, Ade, dame de Bouc, d'un esprit supérieur, qu'elle dirigeait principalement sur les moyens d'être heureux à la cour sans trahir ses devoirs. Elle avait repris faveur auprès de la reine depuis que cette princesse était rentrée dans une voie où la connétable se maintenait au grand étonnement de tous; elle était encore belle avec ses quarante ans, nul homme ne la voyait avec indifférence, et jusqu'à Jean du Mor, disait-on. C'était l'écuyer de la reine, tombé depuis peu dans une mélancolie profonde dont on ne connaissait pas la cause, et qui lui avait fait quitter ses riches habits pour des habits de deuil.

Le second juge en matière de sentiment se

trouvait d'une nature tout opposée à Isabeau de Rumigny; c'était cette même Béatrix Milon, la fille aux émotions mystiques et à la raison précoce; elle allait être présentée à la reine, désireuse, d'après tout ce qu'elle en avait entendu dire, de l'attacher à sa personne. On parlait beaucoup de son genre de piété.

L'objet constant de son culte n'était ni le Saint-Esprit, ni le Père, ni le Sauveur ni sa divine mère. Elle adorait également ces quatre belles figures du christianisme; mais elle n'avait rien trouvé d'assez poétique dans la Légende, qui valût d'être sous son entière protection, si ce n'est l'archange Michel, parcequ'il avait exterminé le démon et qu'elle avait été élevée par sa mère à redouter le malin Esprit. Pour Béatrix, ce guerrier divin était le seul habitant des cieux qui dût s'asseoir sur les marches d'or du trône d'où l'Éternel dicte ses décrets et lui ordonne de conduire la brillante milice chargée de les exécuter.

L'exterminateur des mauvais anges illuminait parfois la fille du poète pendant les conversations qui avaient lieu devant elle chez son, père entre savants et théologiens ; de ce nombre se trouvait son oncle Paul Milon, chanoine de Sainte-Geneviève. Un jour qu'ils étaient venus fêter la Pâque, Béatrix cherchait à comprendre une idée que les docteurs, déjà entre deux vins avaient enveloppée d'un fatras de raisonnements, qui en doublaient l'obscurité. Elle crut deviner qu'il s'agissait du péché originel et se mit innocemment à sourire ; ils lui demandèrent ce qu'elle pouvait saisir d'une chose si peu à la portée d'une fille de dix-sept ans.

— Je crois entendre par là, la désobéissance d'Adam dont vous assurez, mes Pères, que nous portons tous la faute ; mais si ce péché originel est effacé par le baptême, celui de nous qui naît de parents sur lesquels coule l'eau sainte ne contracte point ce péché. Les auteurs de nos jours peuvent-ils en effet transmettre ce qu'ils n'ont pas ? Dès lors il me semble que le mariage est le plus beau des sacrements.

— Idée de jouvencelle, ma nièce, dit le chanoine qui avait encore sa tête, je ne cherche point à condamner ce sacrement; mais tu sauras plus tard, si tu prends maître, que ce que l'homme y a ajouté par sa prévarication ternit ce lien sacré, quoique un des commandements de Dieu, et que notre entrée dans la vie n'aurait rien que de chaste si certaine ardeur n'y présidait, et qu'enfin il ne fallait pas regarder le mariage comme la peau de l'hermine dont la tache fait le plus bel ornement. Il ajoutait que celui-là conçu du Saint-Esprit est seul exempt du péché. De par Ste-Geneviève, dont je dessers les autels, et qui nous a préservés du fléau d'Attila, continua Paul Milon, je trouve malgré tout, de l'éclair dans tes raisonnements.

Verse-nous à Saint-Michel qui semble t'inspirer, et qu'il te garantisse des séductions de l'ange des ténèbres. Il serait dommage en vérité que tu allasses perdre à la cour cette clarté dont la méditation et la retraite augmenteront le foyer. C'est une abbesse qu'il faudrait faire de toi, plutôt qu'une dame; alors tu pourrais un jour monter dans la gloire des vierges et martyres qui approchent le plus près du Tout-Puissant.

— Je ne suis point de cet avis, répondit le convive Étienne de Perreau, fils de l'ancien clerc du secret et déjà l'un des notaires du roi, et soupirant de Béatrix. Une jolie fille est faite pour le monde, et non pour le cloître. Les avantages extérieurs qui contribuent autant que la fortune et la vertu à lui faire trouver un époux accomplissent sa destinée toute tracée dans les Écritures : *croissez et multipliez :* Damoiselle Béatrix est plus faite qu'aucune femme pour donner l'exemple à la cour, sans que son salut y soit en danger. Sa réputation de sagesse l'y a devancée ; mais sa présence en ce lieu me cause à l'avance mille inquiétudes sur les affections de son cœur qu'on va me disputer à moi, pauvre esclave, sans cesse attaché à une chaîne d'or qui n'en est pas moins une chaîne, dont le roi ne me dégage que les quatre grandes fêtes de l'année. Heureusement que l'amitié viendra à mon aide pour transmettre à *Blanche-Rose*, bientôt ma fiancée, des sentiments que je ne pourrai lui exprimer que rarement de vive voix, et même par écrit, tant le travail nous accable, pourvu toutefois qu'il ne me tue point comme il a tué Raoul de Perreau mon père que Philippe le Bel avait seul chargé de l'enquête secrète touchant ces maudits Templiers.

— «Maudits Templiers ! s'écria avec indignation Béatrix. Hélas qui ne gémirait sur les malheurs de ces chevaliers! Vous avez bien l'insensibilité d'un homme d'encre et de plumes. L'expression dont vous venez de vous servir doit vous ôter toute espérance de me plaire. Leur supplice a flétri tout un règne; il faut entendre parler sir Jean du Mor à ce sujet ; il arrache des larmes.

— Et depuis quand connaissez vous ce bel et bon chevalier ? C'est lui justement que je chargerai de vous porter mes vœux jusqu'à la Toussaint prochaine, si toutefois il y arrive; car il change à vue d'œil. Je pourrai encore vous visiter à cette époque et arrêter définitivement notre mariage. Je ne veux pas croire aux paroles que vous venez de m'adresser. Vous ne savez donc pas, damoiselle Béatrix, que nous sommes obligés, nous autres apprentis hommes d'état, de nous endurcir sur certains actes que la politique commande, si nous voulons arriver à gouverner un jour.

Faites vous-même vos affaires, ami Etienne, dit la mère de Béatrix, l'écuyer de la reine n'est plus reçu ici, depuis qu'il a blessé notre fils dans un duel qu'il pouvait d'autant plus éviter qu'il recherchait aussi notre fille; singulière façon d'obtenir notre consentement et le sien, elle si bonne sœur ! Nous avons tenu cette affaire secrète pour le repos des deux familles, d'après la défense sévère du roi, défense que vous connaissez mieux que personne, puisque c'est vous qui l'avez minutée. Mais l'amour-propre d'avoir été atteint dangereusement par plus jeune que lui rend Benoît colère, quand il entend prononcer le nom de du Mor.

— Vous ignorez ces sortes de choses, reprit sire Milon, vous qui n'avez jamais eu ni dague au poing, ni femme sous le bras. On dit qu'une d'elles est cause de cette malheureuse affaire ; aussi Jean du Mor est-il dans la plus grande faveur auprès de toutes, depuis le dernier bal de la cour, où mon étourdi de fils prit ce masque par le menton, croyant que c'était un page déguisé, le petit Nicolet de Germigny.

— Assez, assez, mon père, changeons de conversation ; vous avez retiré votre parole ; et le chevalier ne m'est plus rien. Qu'il promène grandes ou petites dames tant qu'il voudra ; je lui préférerais, je crois, Blaise Taillepied, pour que vous puissiez vous acquitter envers ce juif ; aussi bien nous presse-t-il de nous décider, mais songez que dans deux jours je suis présentée à la reine et que vous ne m'avez pas encore fait ma leçon.

—Tu n'en as qu'une à suivre, mon enfant, si tu veux te maintenir sur le terrain glissant où tu vas marcher sans avoir pour guide ta vertueuse mère, que sa mauvaise santé retient chez elle ; c'est de ne jamais dire : ni *oui,* ni *non,* et de prendre la plupart du temps l'inverse de ces deux mots quand tu les entendras prononcer. A ce langage tu reconnaîtras le courtisan, indépendamment de son dos plus voûté que celui des autres hommes par l'habitude qu'il a de saluer jusqu'à terre.

— Ah ! c'est bien cela, s'écria Etienne de Perreau, que ce portrait avait tiré de sa rêverie, lui qui ne se doutait pas qu'un chaussetier était son rival et que Jean du Mor l'avait été ; vivent les poètes pour les ressemblances. Et nos dames ! sire Milon, faites-les donc aussi connaître à damoiselle Beatrix ; car pour moi je ne le saurais : toujours courbé sur le travail, je suis quelquefois des semaines entières sans en apercevoir une.

Parmi les êtres futiles, continua le poète, la femme de cour est sans contredit le plus charmant de tous ; elle vous apparaît sans cesse sous mille formes différentes et jamais avec la même parure ; son sourire est sur une bouche qu'elle a le secret de tenir toujours couleur de rose, et qui ne s'entr'ouvre que pour laisser passage à de douces paroles; son regard caressant semble vous dire : *Je vous aime;* mais si, à cet instant, il vous était permis de poser la main sur son cœur, puis après sur son front, vous trouveriez que l'un est tiède et que l'autre est froid comme marbre. La femme de cour en général n'a ni âge, ni rides, ni cheveux blancs, et si quelque chose pouvait amener une de ces calamités, ce serait l'ennui; une semaine passé sans distraction ou une intrigue la vieillirait plus que dix années de plaisir. Gardez-vous de lui enlever ses conquêtes ou de blesser sa vanité, si vous ne voulez pas voir une hyène sous une peau de brebis et ses doigts délicats s'armer de griffes, qui vous déchirent, indépendamment de sa langue dont les morsures sont souvent mortelles.

— Quelle image! mon père, excusez-moi auprès de la reine, je ne puis me rendre à ses ordres; je ne veux plus aller à la cour et préfère mille fois ne point quitter ma mère.

— Ne vous effrayez pas, chère damoiselle, dit Etienne de Perreau, les plus dangereuses en sont bannies à tout jamais, et c'est vous, vos compagnes, et les femmes de nos poètes qui allez les remplacer. »

En ce moment on se leva de table et on alla visiter les boutiques et les théâtres du préau Saint-Germain, construits pour le jour de l'an.

La dame Milon resta au logis ayant à surveiller les tailleuses et les brodeuses occupées des habits destinés à la présentation de sa fille.

La première figure qu'ils rencontrèrent fut un petit homme gras à lard et portant une grosse tête ronde comme une boule avec tous les traits de la sottise: le front bas, le sourcil haut, l'œil saillant et le nez si serré qu'il ne pouvait humer l'air que par une bouche si bêtement petite, qu'un sifflement continuel accompagnait sa respiration et aurait désopilé la rate la plus engorgée.

Ce Crésus possédait les étaux des bouchers de Paris, il avait à ferme les auvents des marchés et faisait soigneusement ramasser les plus sales immondices pour en fumer ses terres de la plaine Saint-Denis ; il était propriétaire de la rue de la Calandre et de la rue de la Ganterie, où il avait ses ateliers. Sa maison sur le parvis Notre-Dame était la seule construite en pierre de taille et à pignons ornés de feuilles d'artichauts délicatement sculptées ; on la reconnaissait aussi à l'écusson occupant la clef de voûte de la porte principale où étaient peintes deux chausses rouges croisées, sur un fond bleu avec cette légende : *Gilles Taillepied par la grâce de Dieu, chaussetier de monsieur Saint-Louis*. Son petit fils Nicaise, avec les grands biens que lui avait amassés son aïeuls, moins par un travail honorable que par une usure rafinée, croyait pouvoir prétendre à tout, et quand il se promenait avec un seigneur de la cour, il ne voyait ni n'entendait ce qui se passait autour de lui. Il entrait, ce soir-là avec Hugues de Grammont sous la tente d'un jongleur arménien et continuait à parler haut comme s'il n'eût pas été écouté. Il est vrai que pour le moment il n'y avait que quelques personnes attendant le lever de la toile; de ce nombre était le poëte Milon, sa fille et Étienne de Perreau, car les chanoines n'avaient pas osé se donner ce plaisir. En cet endroit eut lieu l'entretien suivant :

— Sa Majesté a été peu satisfaite des sirventes que vous lui avez adressées sous le titre de *menues-impostures* dans l'espoir d'arriver à une des charges de la cour. Croyez-vous donc maître Taillepied, avoir amusé si fortement notre Sir en tournant ses genthilshommes en ridicule. Quoi! parceque Philippe est l'homme de son royaume le mieux fait, et qu'il est le seul avec Jean du Mor qui ne porte pas de vêtements rembourrés, vous allez détailler impitoyablement nos imperfections physiques ! vous êtes heureux qu'il n'y ait rien à dire sur votre tournure, car malgré l'argent que nous vous devons tous, nous nous serions aussi donné le plaisir de nous moquer de vous, sauf à vous payer des intérêts plus gros encore s'il était possible.

— Ah ! seigneur chevalier, je suis bien innocent de cette damnée poésie. De vous à moi, vous saurez que c'est un bachelier de l'université qui m'a fourré ce sujet en tête en m'assurant que ça pouvait au moins me faire arriver votre égal à la chambre du roi, puis il m'a demandé pour ce service un habillement complet et vingt livres parisis. Comment faire, comment faire, grand Dieu ! pour réparer cette faute ; cela seul est en votre pouvoir. Permettez-moi de vous donner quittance aujourd'hui même pour cet important service, ainsi qu'à mes Seigneurs vos amis, et je vous serai encore redevable. Assurez le roi que cet écrit n'est point de ma composition et que....

— Je m'en garderais bien, maître Taillepied; son courroux serait tout autre s'il pouvait croire que vous l'avez trompé, répondit le chambellan, qu'on appelait le railleur. Je vous ai tiré de ce mauvais pas, en rappelant à Sa Majesté que la poésie a ses licences et qu'il fallait passer quelque chose au génie. Vous le voyez, nous autres gens de la cour, nous obligeons nos amis sans qu'ils s'en doutent et de préférence quand ils sont dans le malheur. Jugez donc quelle humiliation pour votre race si vous n'aviez pu arriver à figurer parmi nos Apollons! Vous auriez plus heureusement rimé que votre bachelier, si vous aviez voulu en prendre la peine. Mais au moment de céder un fonds, de réaliser des capitaux, de monter votre hôtel, d'habiller de vos propres mains vos varlets afin qu'ils effacent les nôtres, on ne peut réellement avoir une idée tant soit peu poétique au milieu de tous ces détails. Apprenez que j'ai fait pencher la balance de votre côté, ajouta Hugues de Grammont, vous êtes au moment de l'emporter sur vos concurrents ; il s'agit de la place de gardien des singes de la ménagerie du roi. Ce sont les seuls animaux que Sa Majesté conserve, pour amuser ses enfants. Mais je crois que vous faites la moue et que votre respiration s'arrête, ne seriez-vous satisfait d'une telle faveur ? Vous ignorez sant doute qu'il n'y a pas de petites charges à la cour, et qu'on a été sur le point de remplacer le *garde* des levrettes de la reine par un gentilhomme de nom et d'armes, c'est-à-dire d'une origine qui se perd dans la nuit des temps, et qu'on voulait même substituer à cette dénomination de garde, celle de *capitaine*. Si jamais la chose a lieu, comme tout me le fait supposer, afin de donner encore une plus haute considération aux officiers domestiques de l'hôtel de Jeanne de Bourgogne, je vous promets de vous faire nommer capitaine des singes de Philippe V, charge qu'on verra se perpétuer de mâle en mâle et par ordre de primogéniture dans la famille des Taillepied, ce qui flattera infiniment l'orgueil de sire Milon dont vous recherchez la fille; mais il faut y renoncer et ne plus mettre le pied chez elle, autrement cessez de compter sur moi.

— Seigneur chambellan, je ne connaissais point l'importance de toutes ces positions de cour; vos bontés sont sans bornes, j'en suffoque de gratitude, je vous obéirai aveuglement. La plus petite place auprès de LL. MM. est pour moi au-dessus d'une belle femme; je suis cependant très-épris de damoiselle Milon, et je vous promets de donner terme et délai à son père touchant les sommes qu'il me doit.

Je me retire, j'ai besoin de prendre l'air. Vous aurez à l'heure dite le costume que vous avez demandé pour la présentation des nouvelles dames; le corselet de satin vert est le plus galant que l'on ait encore confectionné chez moi. Le mantel de drap à un franc d'or l'aune est bordé de la même fourrure que celle du comte de Beauvoisis, vos chausses sont de la plus belle soie, vos poulaines un peu raccourcies auront la meilleure grâce du monde, votre chapel en feûtre pluchée aura la forme que vous avez dessinée, et vous trouverez dans la coiffe un petit écrit de moi qui ne la déformera pas...

Après ce discours, Nicaise Taillepied partit et coudoya sans s'en apercevoir le poète Milon, assis à côté de sa fille qu'il ne reconnut pas davantage, qu'Etienne de Perreau sa pratique. Le rire était à son comble dans le groupe d'assistants que la cornemuse du jongleur avait augmenté. Le poète remercia Hugues de Grammont, de l'amusante comédie qu'il venait de leur donner, en lui demandant la permission de la mettre en vers et de la rendre publique, afin devenger les Seigneurs de la cour des satires du chaussetier. Le chambellan lui répondit qu'un sot ne vaut pas une rime et qu'il fallait réserver au talent de plus nobles sujets.

Dès que le rideau du baladin fut baissé, ils visitèrent toutes les boutiques. Hugues de Grammont fit devant eux plusieurs emplettes parmi lesquelles étaient six petites boussoles très-richement ciselées et qu'on pouvait offrir comme bijoux. Béatrix, surprise de cette quantité d'instruments, inventés depuis peu demanda à qui il les destinait.

— Ce sont des étrennes dont je vais faire hommage aux nouvelles présentées, ne voulant point que ces dames s'égarent à la cour ainsi qu'ont fait leurs devancières ; vous voyez bien à ce nombre de cadeaux, qu'il n'y en aura pas pour vous, puisque l'on sait qu'un archange veille sur votre gracieuse personne. Cette saillie amusa beaucoup Béatrix; ainsi que son père et le pauvre notaire, qui se croyait déjà fiancé à la jolie fille, lorsque le chambellan ajouta : » Outre votre céleste gardien, vous allez en avoir un des plus beaux et des mieux faits, c'est l'écuyer de la reine; oui, malgré votre surprise, l'écuyer Jean du Mor. Si vous voulez rentrer chez vous à l'instant, vous y trouverez quelque chose qui vous réjouira l'âme, car nous savons qu'aussitôt que vous apercevez le chevalier armé de toutes pièces et portant son heaume à lambrequins timbrés de vos couleurs et ses cheveux flottants sur sa brillante armure, vous croyez voir Saint-Michel. On ne me cache rien, à moi, chargé de la police des cœurs; j'ai, sans qu'on s'en doute, des intelligences partout où une femme soupire.

Enfin me trompai-je, gracieuse *Blanche-Rose*, la mieux nommée d'entre toutes les fleurs (6), croyez-vous que malgré sa discrétion, je n'ai point deviné le tourment de mon ami ? A nos âges on n'est triste que par amour ou par défaut de gloire ; le chevalier a fait ses preuves avec nous devant l'ennemi, il n'y a donc que votre possession qui l'occupe ; Dieu merci elle va lui être assurée et j'en suis aise, car il était plus lugubre que toute une procession de pénitents noirs. Je rends grâce au hasard qui me fait vous rencontrer et être ainsi le premier à vous annoncer plus qu'un plaisir : cela va me consoler un peu de n'en plus avoir ! Demain nos *charmeresses* partiront ; je vous quitte moi-même pour aller recevoir leurs adieux : si jamais Jean du Mor vous est infidèle, n'oubliez pas Hugues de Grammont, le vengeur des maris et des amants.

Notre chambellan disparaît en laissant les

interlocuteurs dans l'étonnement. C'est encore une de ses moqueries, dit le sire Milon; mais il est si aimable qu'on les lui pardonne.

— Oui certainement, reprit Etienne de Perreau, quoiqu'il ait voulu gloser tout à l'heure, et me rendre jaloux de Jean du Mor, qu'on dit être cependant occupé d'une autre femme. En disant ces mots le prétendu fixait Béatrix. Celle-ci gardait seule le silence et brûlait déjà de toucher le seuil de sa porte, par le pressentiment qu'elle avait qu'une bonne nouvelle l'attendait. Le jeune notaire du roi prit congé du père et de la fille. Elle doubla le pas ; sa mère se tenait à la fenêtre, et dès qu'elle aperçut les objets de son affection, elle leur fit signe d'arriver plus vite, en leur montrant un papier. Elle n'attendit point qu'ils eussent monté les degrés de la tourelle, elle descendit leur ouvrir et les embrassa avec transport, en se promettant dans la prière qu'ils allaient réciter en commun, avant de se coucher, de remercier le ciel qui leur rendait un si bon ami; elle lut donc la lettre qu'elle venait de recevoir.

Dame Milon,

« Je n'ai pu jusqu'à présent vous instruire de la triste cause qui m'a forcé à tourner contre Benoît la même épée qui l'aurait défendu ainsi que sa sœur, s'il se fût trouvé un chevalier assez déloyal ou assez peu courtois pour mal parler d'eux. La légèreté de votre fils devenait malheureusement l'insulte la plus grave par l'importance du masque auquel j'avais l'insigne honneur de donner le bras. Si c'eût été un page, comme il le croyait, j'en aurais ri; si c'eût été la femme d'un maître du Parlement ou la femme d'un procureur du roi, j'aurais fait semblant de me fâcher ; tout aurait fini là; mais c'était plus qu'une maréchale, plus qu'une chancelière, plus qu'une connétable, plus qu'une duchesse, c'était la reine ! la reine venant de se nommer à moi et me disant : « Je suis instruite qu'un piége affreux est tendu au plaisir innocent, et à la recherche bien légitime qui m'amènent ici. Je puis être répudiée si je n'échappe à cette trame, je vous choisis comme sauve-garde, ne me quittez pas ; je vous demande jusqu'à nouvel ordre le secret de mon déguisement. Ce qui me désole, c'est que je l'ai fait revêtir à deux de mes femmes qui ont ma taille, et qu'une d'elles, prise pour moi, peut tomber dans cette embûche, croyant me sauver. Comment la reconnaître dans cette foule, sans mon autorité, que je ne puis, hélas! faire valoir, car le roi a exigé, sur serment, que je ne le suivrais point à ce bal ; c'est une épreuve qu'il impose à l'obéissance aveugle que je lui ai jurée depuis notre nouveau pacte d'amour.

« La fatalité a voulu que ce fût dans ce moment de trouble, que Benoît Milon abordânotre reine. Je la sentis frémir alors qu'elle prononça ces mots à mon oreille : Je suis perdue! Ce jeune imprudent ne peut m'être envoyé que par monseigneur et maître qui craint ma présence, ou par une rivale, Mermet de Livron, qu'on sait en vouloir au cœur de Philippe ; qui oserait, sans cela, manquer de respect à une princesse ou à tout autre femme qu'un brave chevalier comme vous accompagne ?

« Je vous expliquerai, dame Milon, les craintes mortelles que j'ai eues durant cette nuit d'angoisse, et les services que l'on me doit.

« Si, malgré l'explication que je vous donne, vous ne me rendez votre parole, ayez pitié de mon malheur, adoucissez-le, en me préférant à tout autre, dans l'arrangement des affaires de votre époux. Il ne convient pas qu'un gentilhomme de haut lignage et de si grande loyauté continue à traiter avec un marchand vaniteux et cupide qui lui prête de l'argent au poids de l'or, et s'approprie déjà le fief de Villiers, le plus ancien et le plus productif de votre famille, et en dépouille le pauvre Benoît.

« J'ai perdu, vous le savez, dans la dernière guerre, les seuls héritiers de mon nom et de mes biens ; je puis donc dès à présent partager avec vous ce que j'ai, et en donner la moitié à ma Béatrix, car elle sera toujours mienne par la pensée. J'ai la promesse du roi notre sire qu'aussitôt que Benoît sera guéri, il aura dans la compagnie des arbalétriers, dont Pierre de Galart, mon ami, est le grand-maître, un grade qu'il tient à la disposition de Sa Majesté. Je joins à ma lettre une petite médaille de saint Michel, d'un travail très-précieux, que me donna mon oncle la veille de sa mort.

« Prends, me dit-il, cette relique, le seul souvenir que je te laisse. Tant que j'ai combattu pour la croix , ce phylactère m'a été propice. Du jour où j'ai voulu devenir riche pour goûter quelques instants les plaisirs de la terre, il m'a été fatal. Les flammes du bûcher l'auraient fondu et mêlé à mes cendres, si tu n'avais été là pour le recueillir. Que notre condamnation, qui a écrit anathème snr le front des rois, ne t'empêche point cependant d'en servir un juste et un bon, si par hasard tu le rencontres ; mais, crois-moi, ne lui sacrifie jamais ton bonheur, et fuis la cour.

«Remettez, dame Milon, à votre pieuse enfant cette image bénite; elle a touché le tombeau même du Christ ; qu'elle la porte à mon intention et l'attache à son chapelet ; qu'elle dise un *Ave* en mémoire du pauvre Templier, et de Jean du Mor, son neveu.»

Béatrix et ses parents étaient profondément émus, Benoît Milon ne le fut pas moins quand sa sœur alla lui lire cette lettre sur le lit de souffrance, qu'il n'avait point quitté depuis son duel. De ce moment il se sentit mieux, la gratitude remplaça la haine; si quelque chose avait pu ajouter à son mal, c'était l'impossibilité où il était d'embrasser son noble ami.

— Tu le verras bientôt chez la reine, dit-il à Béatrix; je veux que tu lui presses pour moi la main, et que tu l'assures que si tu lui refusais la tienne, tu cesserais d'être ma sœur chérie.

Une nuit sans sommeil avait agité Béatrix, qui n'en fut que plus fraîche et plus belle le lendemain. Elle baisait tour à tour et la lettre et la médaille; ces précieux objets l'électrisaient, elle ne redoutait nullement la présence de la reine. L'impatience où elle était de témoigner à Jean du Mor que lui seul lui avait fait battre le cœur, l'empêchait d'entendre le mouvement somnifère du balancier de l'horloge. Ses yeux, fixés sur le cadran, semblaient dire aux heures : Pourquoi vous arrêter ?

Le poète approuvait d'avance la réponse verbale que sa fille devait adresser au chevalier. La dame Milon avait fait la veille sur Béatrix une répétition de l'élégante toilette à laquelle elle avait présidé; elle se composait d'une cotte-hardie bleu-tendre, cachant bien la gorge, et descendant jusqu'aux pieds ; sa coiffure était un grand voile blanc, qui entourait le visage, et retenait son chaperon aurore clair, en retombant avec grâce sur ses épaules. Quand la bonne mère se fut assurée que rien ne manquait aux atours de Blanche-Rose, elle la confia à son père, et voulut, au moment du départ, lui tracer avec le pouce sur son front candide une petite croix, qu'elle accompagna de ces paroles : « Je te bénis, mon enfant, puisse le Ciel faire de même. Je t'attends avec impatience; vous trouverez tous deux un bon dîner à votre retour de l'hôtel, d'où j'espère te voir revenir ayant ton fiancé sous le bras; mais ne va pas te tromper, ma Béatrix, et me ramener Blaise Taillepied, dont je ne me soucie nullement.»

Cette gaîté, dite avec intention, était pour dérougir un peu les beaux yeux de Béatrix. O premières larmes d'amour, il faudrait vous recueillir dans une urne, et l'appliquer sur le cœur, au premier manque de foi!

L'image de Jean du Mor venait de se graver à tout jamais dans l'âme de Béatrix. Elle se disait cependant à elle-même : Pourvu que la connétable ne mette point d'obstacle à notre union ; on ne voit goutte dans ces cœurs entre deux âges, nous assurait plaisamment l'autre jour le sire de Grammont, qui comparait celui de madame de Châtillon à une place d'armes où tout le monde peut venir manœuvrer, mais où il est défendu de faire la petite guerre ; néanmoins je ne suis pas rassurée d'après la peinture que mon père m'a faite des femmes de la cour, dont quelques traits peuvent être restés sur le visage de celles qui y sont encore.

La reine attendait les *dames* et *damoiselles* des poètes ; car ces titres nobiliaires furent donnés pour la circonstance aux filles et épouses des lettrés qui n'étaient point gentilshommes. Sa Majesté avait voulu les recevoir dans ses petits appartements, pour moins les intimider , et n'avait en ce moment à ses côtés que le connétable, sa dame d'honneur et les dames de Mornay, de Corbeil, de Bélut, de Crespy, de Presles et de Nogaret, dames de son hôtel, les seules qui eussent été conservées à sa personne. Son écuyer, Jean du Mor, était debout derrière son fauteuil ; un beau lévrier, à la housse fleurdelisée mi-partie France et Bourgogne, était couché aux pieds de sa maîtresse. Béatrix ne fut pas trouvée tout à fait aussi jolie que Gabrielle de Sarlat, ni que Léonore de Vallière, mais elle fut reconnue par l'aréopage scrutateur la mieux faite parmi les présentées, la plus gracieuse de langage, de maintien, et la plus éclatante de fraîcheur.

L'écuyer de la reine, quand il aperçut la médaille du Templier servant d'ornement au collier de Béatrix, ne se sentait pas de joie; il était en extase devant la charmante fille qu'il ne croyait plus revoir, et dont le souvenir le poursuivait en tous lieux. De son côté, Béatrix ne détournait point son regard de dessus Jean du Mor; elle croyait déjà qu'il était sien, et semblait lui dire qu'elle aurait bientôt quelques bonnes paroles à lui adresser.

La reine au même moment proposa de mettre d'accord les anciennes dames de son hôtel dont elle était entourée, et qu'on savait être divisées en deux camps, les unes qui prétendaient que les poètes savaient mieux aimer que les *Galois*, les autres que c'était cette nouvelle secte qui l'emportait sur les beaux esprits.

— A vous la parole, dame de Châtillon ; car je vous ai choisie, ainsi que damoiselle Béatrix, afin de résoudre cette difficile question.

La connétable, en vraie femme de cour, ne donna tort à aucun des partis ; la reine n'avait encore dit mot. La dame d'honneur la savait assez coquette pour croire que les hommages publics en matière de galanterie devaient être de son goût ; mais voulant toutefois que l'on connût la vérité dans cette affaire, la plus importante de la vie d'une femme ; elle s'exprima de la sorte :

— D'une part, faire admirer au monde entier celle qu'on aime, faire passer son nom de bouche en bouche en des vers qui l'immortalisent, lui élever des autels où l'encens, comme le feu des Vestales, brûle matin et soir est l'état de l'amant-poète.

D'un autre côté, la secte qui ne reconnaît d'élément physique que l'*amour* et qui vit dans le feu et dans les glaces, mérite aussi quelques préférences, et je crois que ces dames ont également raison. Si cependant elles désirent connaître l'homme qui, suivant moi, aime mieux que tous ceux-là, je vais le leur désigner.

— Oui, oui, dirent-elles spontanément, après que Jeanne de Bourgogne eut approuvé la proposition.

— Eh bien ! mesdames, continua la connétable, il s'agit d'un chevalier que nous chérissons toutes ; oncques n'en fut de plus constants : séparé de sa douce amie, aucune de nous n'a pu l'en distraire, ni même savoir de lui qui elle est. C'est en vain que, craignant de le voir dépérir, nous avons voulu le marier à une des plus belles et des plus riches héritières du royaume : Non, non, disait-il, laissez-moi mourir d'amour ; si les champs de bataille ne veulent point me donner la sépulture, obtenez de la reine que je me retire en quelques lieux solitaires, j'y pleurerai celle que j'aime, voilà la grâce que je vous demande. La cour, ses pompes et ses plaisirs, importunent trop ma douleur, la seule volupté qui me reste.

Ce chevalier est Jean du Mor, ici présent.

A ce nom, les dames se retournèrent pour le regarder, ou plutôt pour l'admirer. Il aurait voulu se dissimuler à tous les yeux, mais sa charge l'empêchait de quitter le fauteuil de la reine.

Jeanne de Bourgogne demanda à Béatrix Milon ce qu'elle pensait de tout cela dans son esprit délicat et fin. A cette question l'écuyer respirait à peine en écoutant une à une les paroles suivantes :

— Madame, dit Blanche-Rose, avec une modestie pleine de charmes, il me semble que le chevalier, qui mérite le plus notre cœur, serait celui qui, sans aucune espérance de nous posséder, nous resterait fidèle, et ferait servir ses biens à payer les dettes d'un vieux guerrier, notre père, et empêcherait par là, qu'une pauvre victime aille se traîner à l'autel, et y prendre pour époux Blaise Taillepied, que vous connaissez toutes.

Cet homme généreux est Jean du Mor.

L'écuyer, ivre de joie, allait répondre, quand la reine lui fait signe de se taire, voulant parler elle-même.

—Je devais, comme présidente du tribunal d'amour, que nous venons d'improviser, ne dire mon avis qu'après les juges que vous avez entendus à l'instant. Sachez donc, dames et damoiselles, qu'il y a des actions plus belles que celles que l'on vient de vous citer, c'est d'avoir sauvé l'honneur, dans une même nuit, à deux femmes, et de vous en avoir conservé exempte de soupçons une troisième qu'on allait peut-être perdre; c'est votre reine! Son sauveur est messire Jean du Mor, mon écuyer, chevalier banneret, et ne marchant au combat qu'accompagné de deux chevaliers, de vingt-cinq écuyers et de trois ménestrels. Qu'il reçoive ici, en présence de ma nouvelle cour, le prix de ses vertus.

— Avancez, Béatrix Milou ; car je vois à l'émotion de votre père que vous avez son consentement (7).

L'écuyer s'approcha de la reine et mit un genou en terre ; Jeanne de Bourgogne prit une des mains de la fille du gentilhomme et l'unit à celle du chevalier en leur recommandant, dit une chronique du temps : « De « quitter la cour s'ils voulaient vivre heu- « reux, mais d'y venir voir quelquefois leur souveraine. »

Chacun était attendri, bientôt on ne parlait plus que de cette histoire ; les poètes la chantèrent. Jean du Mor, voulant cacher son bonheur, dans la crainte d'exciter l'envie, se refusa à ce que ses noces se fissent à l'hôtel de la reine, bien que cette princesse dût les honorer de sa présence.

Le bon chanoine Paul Milon, se chargea de tous les frais et voulut que ce fût à son prieuré de la Ferté, que sa niéce reçût le sacrement, quelle avait si bien défendu dans une dispute théologique Le lendemain de cette heureuse nuit, le soleil avait déjà doré depuis quelques heures la couche nuptiale, lorsque la vieille Magdelaine, servante du génovefain, s'apprêtant à porter aux mariés le bouillon d'usage, vit s'arrêter à la porte de la modeste prébende trois cavaliers armés en guerre, disant à haute voix après avoir frappé deux coups de suite :

—« *De par le roi, notre sire*, maîtres ou « varlets, ouvrez sur le champ votre huis. »

Ils apportaient à Jean du Mor l'ordre de se rendre sur-le-champ en Bretagne, où le sire de Kerkado, gouverneur de cette province, devait lui fournir troupes et charois nécessaires pour se porter sur tels et tels points et y saisir les billons qu'il trouverait dans les coffres et dans les forges des barons et des prélats, de même que l'or et l'argent, et de faire transporter le tout avec les coins, à la chambre des comptes. Le roi voulait par cette mesure venir en aide à son peuple, que le désordre régnant alors dans les monnaies écrasait. Cette mission, la plus ingrate que l'on pût remplir, désola Jean du Mor, beaucoup moins par l'idée qu'il allait affronter des dangers sans gloire; Caron s'attendait à des résistances, que par la certitude qu'il allait être obligé de dépouiller quelques alliés de sa famille. Un tel ordre fit verser d'abondantes larmes à Béatrix.

L'un et l'autre étaient loin de s'attendre à une séparation si subite, si pénible et qui dut être aussi longue. Mais on sait qu'à la cour il se trouve souvent parmi les amis qu'on y a laissés, un ennemi intime et caché, que votre fortune tourmente ou que votre bonheur chagrine et qui fait tout pour en troubler la jouissance.

Dix-sept ans d'une félicité sans nuages et passés dans le manoir de leurs aïeux, dédommagèrent amplement de cette disgrâce les nouveaux époux. Après ce temps, nous voyons figurer au siége de Puyguillem, notre héros, avec ses frères d'armes : Jean de Monregard, Pierre de la Palu, Girart de Montfaucon et Hugues de Grammont, cet ami véritable, qui l'avait si bien débarrassé de ses rivaux (8).

La cour de Philippe V, bien qu'elle laissât encore à désirer, aurait pu durant un certain temps servir de modèle à celle qui bannirait la vérité, accueillerait la calomnie, trafiquerait des consciences, laisserait le masque à l'imposture, et où l'intrigue aurait une école, l'adulation des faveurs et la médiocrité les premières charges.

NOTES DU DEUXIÈME VOLUME.

LE VICOMTE DE MARSEILLE.

(1) La poésie, dans les douzième, treizième, et quatorzième siècles faisait une des principales occupations des personnages les plus marquants.

Nous en citerons quelques-uns jusqu'à ce que nous arrivions au poète Boniface de Castellane et à son ami Pierre de Châteauneuf avec qui il rimait souvent de compagnie.

Nous voyons en 1100 Guillaume IX, comte de Poitou, qu'on sait avoir bien *trouvé* et bien *chanté*, il poussait le talent de la plaisanterie au point d'exciter à volonté des éclats de rire par ses bons mots. Ce talent lui était si naturel, qu'à son retour de la première croisade, dans laquelle il fut bien loin d'être heureux, il chanta les fatigues et les malheurs de cette expédition, dans un poëme qui respirait la plus grande gaîté, nous dit l'historien anglais Malbeshury.

En 1142, parut Pierre Abélard, d'une famille noble, et dont la haute science et les infortunes ont excité tant d'admiration et d'attendrissement.

En 1152, Bernard, gentilhomme attaché d'abord au comte de Vantadour, et ensuite, à Eléonor de Guienne, et dont il est fait mention dans notre chronique : *les Damoiselles de Champfleuri*.

En 1160, le vicomte Ebles de Vantadour sut, par ses chansons joyeuses, s'attirer les faveurs du duc d'Aquitaine et de Poitou, et alla terminer sa vie à l'abbaye du mont Cassin en Italie.

En 1161, parut le gentilhomme Jaufred Rudel, sieur de Blieux.

En 1162, parut l'empereur Frédéric, Barberousse, qui faisait gloire d'être compté au nombre des poètes.

En 1178, 1180, 1181, 1185, on y vit le chevalier Pierre de Verviegne, le gentilhomme Elyas de Barjol, le seigneur Guillaume d'Argoult, et Guillaume de Saint-Didier.

En 1189, le gentilhomme Arnaud Daniel, que Beauchamps dit avoir fait des tragédies ; mais il ne donne le titre d'aucune.

En 1193, Guillaume Adhemare et la comtesse Dye.

En 1199, le roi d'Angleterre Richard-Cœur-de-Lion et le Dauphin d'Auvergne honorèrent encore a poésie en la cultivant.

Le Dominicain missionnaire et inquisiteur Isarn.

Le chevalier Pordel, qui fut comblé de bienfaits par le comte de Saint-Boniface, et qui épousa Beatrix, fille d'Euclin de Romana, seigneur de la Marche Trévisanne, et, enfin gouverna Mantoue, en qualité de Podesta et de capitaine-général, se montre parmi les poètes avec Savaric, brave et galant chevalier de Mauléon, fils d'un riche baron de Poitou et des talents duquel tous les auteurs contemporains ont fait l'éloge.

En 1206, le vicomte Raymond Jourdan, de la famille de Saint-Antoni, et qui, d'abord attaché au comte de Provence, Raymond Bérenger, finit par prendre l'habit religieux, au monastère de Mont-Mayor.

En 1213, Fouquet, qui se fit moine de Citeaux, fut abbé du Thorondet, évêque de Marseille, et ensuite archevêque de Toulouse.

La même année, Guillaume de Cabestan, gentilhomme de la famille de Servières, et qui, s'étant fait page de Raymond Castel-Rousillon, de Seilhans, périt victime de la jalousie de ce seigneur, et, en 1218, le gentilhomme Raymond de Mireveaux, vinrent grossir la liste poétique.

En 1220, parut Anselme Faidit, qui faisait les airs et les paroles de ses chansons, et à qui Beauchamps attribue encore des tragédies, sans les faire connaître; mais qu'il dit avoir été vendues jusqu'à trois livres guillelmines. Outre ce prix, Faidit recevait encore de ses pièces tout ce qu'elles produisaient aux représentations, auxquelles il présidait, et entre les mains duquel chaque spectateur payait; cela allait à des sommes considérables, ajoute Beauchamps. Faidit épousa une fille de qualité, nommée Guillaumone de Soliers, qu'il retira d'un monastère d'Aix, et avec laquelle il entreprit ses courses, lui faisant chanter les chansons qu'il composait. Elle vécut peu avec lui; et, dès que la mort la lui eut enlevée, il s'attacha attentivement au comte Boniface de Montferrat, au comte de Toulouse Raymond IV, et au seigneur de Sault, chez lequel il finit ses jours.

En 1223, on vit le gentilhomme Arnaud de Meyrveilh, Bernard de Vantadour et le gentilhomme Hugues Brunet, qui faisait aussi lui-même les airs de ses chansons.

En 1225, 1226, 1227, Pierre Raymond de Toulouse, surnommé le Preux, Hugues de Santeyre, le chevalier Rambaud de Vachières, le baron Hugues de Loubières, et le gentilhomme Pont de Breuil, qui joignait aussi au talent de la poésie celui de la musique, et qui jouait de toutes sortes d'instruments.

En 1229, le seigneur Béral de Baux, de l'une des plus nobles familles de Provence qui fut gouverneur d'Avignon, et qui épousa la fille du roi des Hérules.

La même année Pierre Vidal, Rainbau d'Orange, seigneur de Cortison, le gentilhomme Raoul de Cassis, de la famille des Amaubry, et qui devint abbé de Pignans.

En 1230 le gentilhomme Jeaume Motte et les seigneurs d'Usez, Guy, Ebles et Pierre, tous les trois frères, qui, avec Hélyas leur cousin firent société sous les conditions que Pierre chanterait les vers de Guy, d'Ebles et d'Hélyas.

En 1245, Raymond Bérenger, comte de Provence et de Forcalquier, fils d'Alphonse roi d'Aragon, et qui épousa Beatrix, sœur de Thomas, comte de Savoie, de laquelle il eut quatre filles, qui furent mariées à des rois; Marguerite à Louis IX roi de France; Eléonore à Henri III, roi d'Angleterre; Sanche, à Richard, aussi roi d'Angleterre, et, ensuite roi des Romains; Béatrix, déclarée par le testament de son père héritière du comte de Provence, à Charles, frère de Saint-Louis et qui fut couronné roi de Naples et des Deux-Siciles, ainsi qu'il est dit dans cette chronique.

A peu près dans le même temps, parut un second Savaric de Mauléon, gentilhomme anglais, et qui était au service de Saint-Louis.

En 1248, Boniface Calvo, Gênois, à qui le comte de Provence avait fait épouser à sa cour, une fille de la maison de Vintimille.

En 1260, Guillaume de Lorris, premier auteur du fameux roman de la Rose et le gentilhomme Aymeric de Pingolan.

En 1263, le gentilhomme Gasbert de Puysibot, qui était grand musicien, savait jouer de tous les instruments, et qui, après avoir été armé chevalier, épousa Bartasse de la famille de Bartas, et ensuite se fit moine au monastère de Pignans.

La même année, Pierre de Saint-Remy de l'ancienne famille des Hugolans.

En 1264, Aymeric de Belvezer.

En 1269, le gentilhomme Perdigon, aussi musicien et joueur d'instruments, fait chevalier par le Dauphin d'Auvergne, qui lui donna des terres d'un grand revenu, et à qui le comte de Provence fit épouser une dame, nommée Saure, de la famille de Sabran.

En 1270, Guillaume Duranti, tenant aux Duranti par son père, et par sa mère aux Balb, deux familles illustres en Provence.

La même année, Richarde de Noves, aussi d'une ancienne famille de Provence, et que le comte Bérenger avait fait receveur de ses droits, en lui confiant la garde de son château et de sa ville, dont les consuls étaient obligés, tous les soirs, de lui apporter les clefs.

En 1278, Perceval et Simon Doria, gentilshommes Génois, qui, avec le gentilhomme Lanfranc, Sygalla, leur compatriote firent, à la cour de Raymond, comte de Provence, des *tensons* et des *sirvantes* à deux interlocuteurs et contre la cruauté des tyrans. Ce Sygalla, armé chevalier par le comte Raymond, sous lequel il avait longtemps servi, étant retourné dans sa patrie, fut envoyé en ambassade auprès de lui, pour solliciter un traité et des secours contre les ennemis de la république.

La même année aussi parurent le prince Boniface de Castellane, père de celui dont il est fait mention dans notre chronique, et son ami le seigneur Pierre de Châteauneuf, qui chantait ses vers et s'accompagnait d'une lyre. Un jour que les voleurs l'avaient dépouillé entièrement et voulaient le tuer, il composa une chanson, sur-le-champ, qui leur causa tant de plaisir, qu'ils lui firent grâce et lui rendirent tout ce qu'ils lui avaient pris.

(2) Dame Lucrèce de Montauban, femme du comte Boniface de Castellane III, ennuyée par les farces des bateleurs que son mari avait à gage, se mit à composer de petites scènes pleines d'intérêt et prises dans la Bible. Elle les faisait répéter par ses comédiens, se joignait à eux dans l'occasion, et voulait que ses femmes et ses pages y figurassent, ce qui lui attirait des spectateurs venant de plus de vingt lieues à la ronde. De ce nombre était le châtelain de Verassieux, Pierre de Beauvoir, gentilhomme ordinaire du duc d'Alençon et ses deux filles, Charlotte et Jeanne surnommées *fleurs du Dauphiné*, dont les poursuivants d'amour et d'armes briguaient tous l'alliance.

Dame Lucrèce tirait beaucoup d'argent de ces représentations destinées à ses pauvres, et faisait voir par là à sa belle-mère qu'on peut sanctifier des plaisirs profanes.

(3) A la prise de Fréjus par Ildefônse, Boniface de Castellane III, qui avait défendu vaillamment cette place, fut enfin obligé de venir rendre foi et hommage au vainqueur. Il renonce à tous les privilèges qu'il tenait aussi de l'empereur Frédéric premier;

mais ce bon comte, dit un chroniqueur, ne voulut point céder à Ildefonse, même pour forte finance, ses chers bateleurs, musiciens et saltimbanques qu'il entretenait à gros frais et qui durant le siége avaient amusé la garnison dans les courts instants de repos que lui laissait l'ennemi.

S'il faut en croire quelques généalogistes modernes, un d'eux serait mort trop tôt pour la science.

Il paraîtrait que parmi les familles historiques qui avaient le plus occupé ses recherches, celle des Castellane était du nombre. Il croyait pouvoir la faire descendre de *Boniface* comte de l'empire, moins connu encore par ses exploits, bien qu'il mourut de ses blessures sur le champ de bataille, vers 432, que par sa tendre amitié pour saint Augustin. Un comte de ce nom serait venu s'établir à la tête d'une colonie romaine dans la Gaule Narbonnaise. Voici l'analyse d'une lettre que le docteur de la Grâce écrit à son ami le général de l'empereur Valentinien III, et que rapporte don Cellier dans son histoire des Auteurs sacrés tome XI, page 326.

« Le comte Boniface, après la mort de sa première femme, était résolu de quitter la profession des armes, et de vivre dans une entière continence. Saint Augustin et saint Alypius l'avaient porté à demeurer dans cette profession, et à y servir Dieu et l'église, comme il avait fait auparavant ; mais ils ne lui avaient pas conseillé de se remarier.

Boniface oubliant sa résolution, épousa une seconde femme nommée *Pélagie*, mais à condition qu'elle abandonnerait l'*Arianisme* pour se faire catholique. Cela consola un peu saint Augustin dans la douleur qu'il ressentit en apprenant que Boniface s'était remarié. Il n'osa le lui témoigner d'abord, le sachant au milieu des périls. Mais ayant depuis trouvé un homme que Boniface aimait, savoir le diacre Paul, il le chargea d'une lettre pour ce comte, où le principal dessein est de l'avertir de songer à son salut.

« Je sais, lui dit-il, que vous ne manquez pas de ces sortes d'amis qui n'aiment que par rapport à la vie présente, et qui vous donnent sur ce qui les regardent des conseils tantôt bons, tantôt mauvais; tels qu'en peuvent donner des hommes qui ne voient que le présent et qui ne savent pas ce qui doit arriver d'un jour à l'autre. Mais où sont ceux qui vous donnent des avis sur ce qui regarde Dieu et le salut de votre âme? »

Il lui représente la piété où il avait vécu quelque temps, le dessein qu'il avait eu de quitter tous ses emplois, et la promesse qu'il avait faite de garder la continence.

Puis venant à son second mariage, il lui met devant les yeux l'état malheureux où une pareille alliance le réduit. Comme Boniface prétendait justifier sa conduite, saint Augustin lui dit qu'il ne pouvait en être le juge, n'étant point au fait des raisons de ceux qui l'accusaient tant sur la guerre qu'il soutenait, que sur les fautes qu'il commettait en ce genre, et que les autres commettaient à cause de lui ; mais il l'avertit de songer à se justifier devant Jésus-Christ, dont il faisait profession d'être un fidèle serviteur, et devant sa propre conscience, où il verrait, que quand même l'empire aurait mal reconnu ses services, un chrétien tel qu'il était, ne devait pas rendre le mal pour le mal. Il lui conseille de moins penser à la conservation de ses dignités et de ses richesses, qu'à sauver son âme, qui lui devait être plus précieuse que tout le reste, et il lui dit avec l'apôtre saint Jean : *n'aimez point le monde ni les choses qui sont dans le monde.* Voilà, ajoute-t-il, le conseil que j'ai à vous donner. Embrassez-le sans hésiter. et faites-nous voir en le mettant en pratique, que vous êtes homme de cœur.

Comme cela n'était pas aisé à pratiquer dans les engagements où le comte Boniface se trouvait, saint Augustin l'exhorte de recourir à la prière, et de dire souvent à Dieu avec le prophète : *Délivrez-moi des nécessités où je suis.* Il lui conseille aussi de joindre l'aumône à la prière et même de jeûner autant qu'il le pourrait sans intéresser sa santé. Il lui dit encore que s'il n'avait point de femme, il l'exhortait à vivre dans la continence, et même d'abandonner la profession des armes, pour se retirer avec les Saints qui servent Dieu dans un Monastère. Mais je ne puis plus, dit-il, vous exhorter à cette sorte de vie, puisque vous ne sauriez embrasser la continence sans le consentement de votre femme. Car quoique de votre part, vous n'eussiez pas dû vous remarier, après ce que vous nous avez dit à Tiburnes, elle est dans la bonne foi, puisqu'elle ne savait rien de tout cela quand elle vous a épousé. Plût à Dieu que vous puissiez la faire consentir à votre première résolution, afin d'être en état de rendre à Dieu ce que vous savez, ce que vous devez. Du reste, il y a d'autres choses à quoi le mariage n'est point ou ne doit point être un empêchement, c'est d'aimer Dieu, de ne point aimer le monde, de vous conduire de telle sorte dans l'exercice des armes, si vous ne le pouvez quitter, que vous gardiez inviolablement la foi à ceux à qui vous l'aurez promise et que vous ne fassiez la guerre que pour avoir la paix.

(4) L'écuyer Ferro, gentilhomme de la comtesse de Provence, était un des lettrés de sa cour ; il a laissé des descendants qui cultivent avec succès la poésie. Le chef de cette famille, le comte de Ferrudi, ancien officier supérieur du génie sous l'Empire, est auteur de plusieurs pièces de théâtre.

(5) Si la jeune fille fut en honneur parmi les Druides au point qu'ils vissent en elle quelque chose de divin, eux-mêmes étaient en très-haute estime parmi les femmes; elles voulurent connaître leur science. L'empereur Aurélien s'adressa à une d'elle, pour savoir si l'empire serait continué à sa postérité. Dioclétien apprit d'une autre qu'il serait empereur, après avoir fait mourir un sanglier ; et

cet oracle fut accompli, quand il eut tué *Aper*, beau-père et assassin de l'empereur Numérien. Il ne faut pas oublier qu'on croit que les Druides ont donné leur nom à la ville de Dreux. D'autres disent qu'elle est de la fondation de Drius, roi des Gaulois, principal instituteur des Druides. (*Moreri, Dictionnaire historique.*)

UNE FILLE D'EMPEREUR.

(1) Alcuin, diacre de l'église d'Yorck, choisi pour maître par Charlemagne, fit fleurir les lettres dans ses états. Il enseignait à ce prince la rhétorique, la dialectique et l'astronomie.—Le second lui avait appris la grammaire et les langues.—Le troisième avait établi des écoles où *Charlemagne s'assurait lui-même du progrès des élèves* (vie de ce prince par Eginhard).

Un jour que ce prince, qui ambitionnait toutes les gloires, se plaignait de ce que les études n'avaient point encore atteint la sublimité des anciens pères de l'église, s'écria avec amertume : « Que n'ai-je onze clercs aussi instruits et aussi profondément versés dans toutes les sciences que *Jérôme* et *Augustin*? »

Le docte Alcuin, quoiqu'il se trouvât infiniment au dessous de ces deux grands génies, osa laisser paraître son mécontentement au point de dire à son redoutable élève : « Le Créateur du ciel et de la terre n'a pas fait d'autres hommes semblables à ces deux-là, et vous voulez en avoir une douzaine ! (Des faits et gestes de Charles-le-Grand, roi des Francs et empereur, par un moine de St-Gall).

(2) Charlemagne fait défense aussi aux évêques et aux abbés de baptiser des cloches et de se mêler des affaires séculières.

(3) La chronique du monastère de Laurensheim, presque contemporaine d'Eginhard, disent quelques savants d'Allemagne, parle beaucoup de cet amour. Le célèbre Mabillon croit à son authenticité par les titres qu'on y donne à Imma, et celui de *neveu* qu'Eginhard prend en écrivant à l'empereur Lothaire, petit-fils de Charlemagne. On ne doute pas que les moines de l'abbaye de Laurensheim, à qui Eginhard avait donné le domaine de Michlenstadt, ne se soient empressés de recueillir avec reconnaissance tout ce qui était en l'honneur de l'illustre donataire.

« Il est hors de doute, dit M. Guizot dans sa no-
» tice sur Eginhard, que cet historien n'ait eu pour
» femme *Imma*. Loup, abbé de Ferrière, ami et
» élève d'Eginhard, appelle Imma *nobilissima fe-*
» *mina*, titre qui ne se donnait guère alors qu'aux
» personnes issues de sang royal. »

C'est dans cette chronique de Laurensheim, si estimée dans toute l'Allemagne, que nous prenons une partie des détails de cette histoire. Nous dirons à ce sujet que quelques officiers généraux de l'empire peuvent se rappeler que M. le comte Daru, intendant de la grande armée, eut quelque temps en sa possession un manuscrit, qu'un commissaire des guerres trouva aux environs de Ratisbonne, dans un château abandonné.

Il était écrit en mauvais latin, et portait la date de 830. C'était une espèce de journal où était inscrit très-minutieusement, par l'ordre du comte du Palais, le nom des personnes qui entraient et sortaient, avec indication des lieux d'où elles venaient et de ceux où elles allaient. Il y est dit entre autres choses :

« Après le service divin, le prince Louis, empereur est sorti à cheval avec son beau-frère, le seigneur Eginhard, et sont allés visiter l'abbaye de Séligenstadt ; ils étaient accompagnés du chapelain et de l'écuyer. » M. Lenoir, déjà cité dans ces notes, copia plusieurs pages de ce journal. Le marquis de Nisas fit de même. Ces deux hommes, également lettrés, ne doutaient pas qu'Eginhard ne fût gendre de Charlemagne. Quant à l'opinion contraire de l'abbé Lebœuf, on sait que, malgré toute sa science, il s'est quelquefois trompé. D'autres peuvent aussi partager son erreur. L'Allemagne savante est de l'opinion de Mabillon.

(4) Dès que Léon III succéda à Adrien Ier, il s'em-

pressa d'envoyer à Charlemagne des légats pour lui présenter les clefs de la basilique de St-Pierre et l'étendard de la ville de Rome; de même que les clefs du St-Sépulcre lui furent apportées de la part de Thomas, patriarche de Jérusalem.

(5) On voyait encore, il y a quelques années, dans la bibliothèque impériale, à Vienne, un manuscrit qui contient un commentaire sur l'épître des Romains, sous le nom d'Origène, corrigé de la main de Charlemagne, mais d'une écriture mal formée, n'ayant jamais pu réussir à cet exercice qu'il avait commencé tard, nous dit son secrétaire.

Les poésies de ce prince se composaient de l'épitaphe du pape Adrien en trente-huit vers élégiaques; l'éloge du même pape, à la tête du Psautier dont il lui fit présent; deux petits poèmes à la louange de Paul, diacre, depuis sa retraite au mont Cassin; l'épitaphe de Roland, et une épigramme à Alcuin (Histoire des auteurs sacrés, tome XVIII, chap. *Charlemagne*).

(6) Ce Félix, consulté par Elipand pour savoir ce qu'on devait penser touchant l'humanité de N. S. et Dieu sauveur, Jésus-Christ, et si, en le considérant dans sa qualité d'homme, on le devait regarder comme fils de Dieu par nature et par adoption, Félix, de prononcer imprudemment contre l'antique doctrine de l'Eglise, que le Christ devait être regardé comme le fils adoptif du Père éternel...., il fut amené pour cette cause au palais de Charlemagne (Annales d'Eginhard).

(7) Eginhard traite, dans une lettre qu'il écrit à Eulalie, dame de la cour de Charlemagne, de la nature de l'âme; il lui rappelle ce que S. Augustin et S. Jérôme disent à ce sujet : il donne à cette dame une formule de prière adressée à Jésus pour implorer son secours ; il fait accompagner la lettre de deux poèmes, l'un en l'honneur de Dieu, sur la morale, et finit par renvoyer Eulalie à Charlemagne, qu'il envisage comme un second Salomon capable de lui donner l'explication de toutes ces difficultés (Histoire générale des auteurs sacrés, vol. XVIII, page 300).

(8) Les abbesses remplissaient depuis longues années des fonctions sacerdotales jusqu'à tant qu'un capitulaire de Charlemagne les leur interdit.

(9) Otul, comte du palais, figure avec les évêques et abbés qui signèrent le testament de Charlemagne, ainsi qu'on a pu le voir.

(a) La petite statuette équestre de Charlemagne, la seule reconnue authentique par les antiquaires, appartient à M. Albert Lenoir, qui en a hérité de son père. On se rappelle que c'était le plus bel ornement du cabinet de ce savant distingué, à qui les arts sont redevables de la conservation de leurs plus beaux monuments durant notre tempête révolutionnaire. L'auteur du prospectus *des peintures et ornements des manuscrits*, après avoir aussi reconnu l'originalité de cette statue de Charlemagne, s'exprime ainsi sur l'art grec et fait passer sa conviction dans nos esprits :

« Les artistes du bas-empire conservèrent dans » la peinture jusqu'au XIIIe siècle une constante » supériorité. — Les arts du dessin ont été à di- » verses reprises directement apportés de Byzance » aux nations de race germanique.— Le sol fertile, » mais agreste, où fut jetée cette semence pré » cieuse, donna bientôt des fruits si éloignés par » leur forme de leur souche originaire, et si divers » entre eux, qu'on les a longtemps désignés, et » qu'on les désigne encore aujourd'hui sous la dé- » nomination absolue d'*art byzantin.*»

(12) Il est impossible de fixer l'âge des crucifix. Le docteur Munster dit qu'avant le VIIe siècle l'Eglise ne les connaissait pas : les Grecs ne les ont jamais adoptés publiquement, et chez les Latins ils n'ont probablement pas été connus avant le siècle de Charlemagne. On se contentait de l'agneau placé au pied de la croix, tel qu'il est décrit par Paulin de Nola dans sa trente-deuxième épître à Sévère. Il n'est pas inutile d'ajouter qu'aucune des grandes communautés séparées de l'Eglise orthodoxe, ni les nestoriens, ni les monophysites ne connaissent point le crucifix. Elles n'ont que de simples croix dans leurs églises.

(13) Charlemagne est le premier roi à qui l'on ait donné le titre de *Majesté.*

(14) Un capitulaire à ce sujet défend aux moines, sous quelque prétexte que ce soit, de rester au couvent une fois leur messe dite, de même qu'aux religieuses de les retenir. Un autre taxe celui des

meurtres commis par des ecclésiastiques de la manière suivante : pour un diacre, 200 sols d'or ; pour un prêtre, 360 sols d'or. Mais si quelqu'un met à mort un évêque, *établi par le roi ou élu par le peuple,* on lui fera une tunique de plomb suivant sa taille, et il en paiera le poids en or ; et lui, sa femme et ses enfants seront obligés de se consacrer à l'Eglise. Charlemagne, si rigide en matière de mœurs, permettait une concubine aux ecclésiastiques non mariés.

(15) Les lettres d'Eginhard ainsi que son épitaphe cités dans cette chronique ont été traduits par M. Guizot. (*Collection des mémoires relatifs à l'histoire de France.*)

(6) Dans le curieux testament de Charlemagne que nous rapportons, on verra ce qu'il lègue aux grandes villes de son empire.

« Au nom du Dieu tout-puissant, le Père, le Fils et le saint Esprit. Ici commencent la description et la distribution réglées par le très-glorieux et très-pieux seigneur Charles, empereur auguste, des trésors et de l'argent trouvés ce jour dans sa chambre, l'année huit cent onzième depuis l'incarnation de Notre Seigneur Jésus-Christ, la quarante-troisième du règne de ce prince sur la France, la trente-sixième de son règne sur l'Italie, la onzième de l'empire, indiction quatrième. Les voici telles qu'après une sage et mûre délibération il les arrêta et les fit avec l'approbation du Seigneur. En ceci il a voulu principalement pourvoir d'abord à ce que la répartition des aumônes, que les chrétiens ont l'habitude de faire solennellement sur leurs biens, eût lieu pour lui et de son argent, avec ordre et justice; ensuite, à ce que ses héritiers puissent connaître clairement et sans aucune ambiguïté ce qui doit appartenir à chacun d'eux, et se mettre en possession de leurs parts respectives sans discussion ni procès. Dans cette intention et ce but, il a divisé d'abord en trois parts tous les meubles et objets, soit or, argent, pierres précieuses et ornements royaux, qui, comme il a été dit, se trouveront pour ce dans sa chambre. Subdivisant ensuite ces parts, il en a séparé deux en vingt-un lots, et a réservé la troisième dans son intégrité. Des deux premières parts, il a composé vingt-un lots, afin que les vingt-une villes, qui dans son royaume sont reconnues métropoles, reçussent, à titre d'aumône, par les mains de ses héritiers et amis, un de ces lots. L'archevêque qui régira alors une église métropolitaine devra, quand il aura touché le lot appartenant à son église, le partager avec ses suffragants, de telle manière que le tiers demeure à son église, et que les deux autres tiers se divisent entre les suffragants. De ces lots, formés des deux premières parts et qui sont au nombre des vingt-un, comme les villes reconnues métropoles, chacun est séparé des autres et renfermé à part dans une armoire, avec le nom de la ville à laquelle il doit être porté. Les noms des métropoles auxquelles ces aumônes ou largesses doivent être faites sont Rome, Ravenne, Milan, Fréjus, Gratz, Cologne, Mayence, Juvavum (aujourd'hui Salzbourg), Trèves, Sens, Besançon, Lyon, Rouen, Rheims, Arles, Vienne, Moutiers (dans la Tarentaise), Embrun, Bordeaux, Tours et Bourges. Quant à la part qu'il a décidé de conserver dans son intégrité, son intention est que les deux autres étant divisées en lots, ainsi qu'il a été dit, et renfermées sous scellés, cette troisième part serve aux besoins journaliers, et demeure comme une chose que les liens d'aucun vœu n'ont soustraite à la possession du propriétaire, et cela tant que celui-ci restera en vie, ou jugera l'usage de cette part nécessaire pour lui ; mais, après sa mort ou son renoncement volontaire aux biens du siècle, cette part sera subdivisée en quatre portions : la première se joindra aux vingt-un lots dont il a été parlé ci-dessus ; la seconde appartiendra aux fils et filles du testateur et aux fils et filles de ses fils, pour être partagée entre eux raisonnablement et avec équité ; la troisième se distribuera aux pauvres, suivant l'usage des chrétiens ; la quatrième se répartira de la même manière et à titre d'aumône, entre les serviteurs et les servantes du Palais, pour servir à assurer leur existence. A la troisième part du total entier, qui, comme les deux autres, consiste en or, en argent, on joindra tous les objets d'airain, de fer et d'autres métaux, les vases, ustensiles, armes, vêtements, tous les meubles, soit précieux, soit de vil prix, servant à divers usages, comme rideaux, couvertures, tapis, draps grossiers, cuirs, selles, et tout ce qui au jour de la mort du testateur se trouvera dans son appartement et son vestiaire, et cela pour que les subdivisions de cette part soient plus considérables et qu'un plus grand nombre de personnes puissent participer aux aumônes. Quant à sa chapelle, c'est-à-dire tout ce qui sert aux cérémonies ecclésiastiques, il a réglé que tout ce qu'il a fait fabriquer ou amasser lui-même et ce qui lui est revenu de l'héritage paternel demeure dans son entier, et ne soit pas partagé : s'il se trouvait cependant des vases, livres ou autres ornements, qui bien évidemment n'eussent point été donnés par lui à cette chapelle, celui qui les voudra pourra les acheter et les garder en les payant le prix d'une juste estimation. Il en sera de même des livres dont il a réuni un grand nombre dans sa bibliothèque ; ceux qui les désireront pourront les acquérir à un prix équitable, et le prix se distribuera aux pauvres. Parmi ses trésors et son argent, il y a trois tables de ce dernier métal, et une d'or, fort grande et d'un poids considérable : l'une des premières, qui est carrée et sur laquelle est figurée la description de la ville de Constantinople, on la portera, comme l'a voulu et prescrit le testateur, à la basilique du bienheureux apôtre Pierre, à Rome, avec les autres présents qui lui sont assignés; l'autre, de forme ronde, et représentant la ville de Rome, sera remise à l'évêque de l'église de Ravenne ; la troisième, bien supérieure aux autres par la beauté du travail et la grandeur du poids, entourée de trois cercles, et où le monde entier est figuré en petit et avec soin, viendra, ainsi que la table d'or qu'on a dit être la quatrième, en augmentation de la troisième part à répartir tant entre ses héritiers qu'en aumônes.

» Cet acte et ces dispositions, l'empereur les fit et les régla en présence des évêques, abbés et comtes qu'il put réunir alors autour de lui, et dont les noms suivent : (évêques) Ildebald, Richulf, Horne, Volfer, Bernoin, Laidrade, Jean, Théodulf, Jessé, Hetton, Valdegrand ; (abbés) Friedgis, Audoin, Angilbert, Irmines ; (comtes) Wala, Méginhaire, Othulf, Etienne, Unroch, Burchard, Méginhard, Hatton, Richwin, Eddon, Erchengaire, Gérold, Béra, Ildigerne, Roculf. Toutes ces volontés, Louis, fils de Charles, qui lui succéda par l'ordre de la divine Providence, et vit cet écrit, apportera le soin le plus religieux à les exécuter aussi promptement qu'il sera possible après la mort de son père. »

(Fin de la vie de Charlemagne, par Eginhard.)

(b) « Charlemagne eut de la peine à proscrire ces premiers jeux dès le huitième siècle. Cependant l'habitude était prise, le peuple ne put la rompre ; il chercha dans les cérémonies religieuses de quoi satisfaire son goût pour les spectacles. Ces cérémonies se multiplièrent : le culte se surchargea d'associations sous le nom de confréries, nouvelle similitude avec les premiers spectacles des Romains et des Grecs ; mais, comme chez eux, ces pieuses représentations dégénérèrent bientôt, chez nous, en bouffonneries sacriléges. A la célébration des fêtes connues sous les noms des *Innocents*, des *Fous*, des *Anes*, etc., etc., les églises se transformaient en théâtres où l'on jouait des farces ridicules, où l'on exécutait des danses indécentes, et où l'on faisait retentir les voûtes saintes de chansons les plus impies et les plus scandaleuses. Les acteurs étaient presque tous des prêtres déguisés, vêtus en femme ou masqués ; ils s'abandonnaient à une ivresse qui excitait des querelles que l'on ne voyait guère se terminer que par des effusions de sang.

» Vers le milieu du douzième siècle, le désordre était devenu si grand, qu'Eudes de Sully, évêque de Paris, lança des anathèmes contre tous ces jeux sacrés ; mais il ne le put entièrement. On les vit reparaître à différentes époques dans plusieurs églises de France, et ils surent se soutenir, ainsi poursuivis et ambulants, pendant plus de deux siècles. »

(*Vie de Charlemagne*, par Eginhard).

LES FEMMES GALANTES.

(1) Rien ne porte à la piété comme le véritable amour. Qu'il y a loin de Louis XV s'agenouillant à

son prie-Dieu pour demander au ciel le rétablissement de la santé de Madame de Châteauroux, à Louis XV corrompu, se faisant faire son déjeuner par la Dubarry, qui jurait ni plus ni moins qu'un soldat aux gardes, lorsque le chocolat venant à monter était prêt à se répandre.

(2) A cette époque les femmes de théâtre, et même les femmes dites *entretenues* rivalisaient de luxe, d'élégance et de goût avec les duchesses, et même les dépassaient quelquefois. Mlle Duthé n'avait-elle pas fait faire des harnais couverts de faux diamants et de plumes pour aller en pèlerinage à Longchamps? Le lieutenant de police lui fit dire que le même attelage la conduirait au Fort-l'Évêque. Cette vanité rentrée causa à cette courtisane la première attaque de nerfs bien constatée par les médecins, ce qui en dégoûta pendant quelque temps les femmes de la cour.

Une autre Phryné, Mlle Deschamps, s'était fait donner une baignoire d'argent, et avait trouvé comique de la faire contrôler par la monnaie.

Une serpillière a été le dernier vêtement de cette fille déhontée qui mourut à l'hôpital.

Elle eut une fille qu'elle nomma Lucrèce, et qu'elle fit élever avec la plus grande sévérité; elle ui disait souvent : Rappelez-vous, Mademoiselle, que chez les *vieux Germains* une vierge, quelque belle et quelque riche qu'elle fût, ne trouvait ni pardon ni mari quand elle manquait à l'honneur. Ce à quoi la naïve enfant demanda la première fois qu'on lui fit cette morale : « S'il en était encore de même dans les mœurs du quartier que sa mère habitait, » prenant les habitants du Faubourg Saint-Germain pour les descendants de cet ancien peuple.

(F) Parmi les épigrammes que les mœurs du marquis de Vilette et son importance lui méritèrent, il reçut celle-ci d'un inconnu à qui il avait refusé de faire voir son oncle Voltaire.

Petit Vilette, c'est en vain
Que vous prétendez à la gloire ;
Vous ne serez jamais qu'un nain
Qui montre un géant à la foire.

(3) *La petite maison* complétait alors le grand seigneur; il y tenait mille fois plus qu'à ses châteaux et à son hôtel. Il aurait vendu tous ses domaines pour garder et entretenir ce temple du mystère, qui ne s'ouvrait jamais que le soir, et qu'on aurait cru abandonné pendant le jour. On préférait les extrémités du faubourg Saint-Antoine pour cette bâtisse comme étant très-solitaires. Une petite maison ne coûtait pas moins de cent mille écus, y compris les peintures allégoriques obligées et l'entretien de l'équipage. Elle est remplacée aujourd'hui par la *petite chambre* située aux combles, local assez proprement meublé; mais sans le moindre goût. L'agioteur va y cacher ses vices au rabais chez une grisette, et régler ses comptes au sortir de la bourse. Il y arrive presque toujours à

l'heure où elle cesse d'écumer son pot au feu, dont il n'a jamais que le second bouillon; car le premier est donné au clerc de notaire ou au sous-officier se disant cousins de la Laïs, à qui un troisième parent apporte un billet de spectacle, à moitié prix, avec lequel l'heureux couple va faire queue pendant deux heures, par une pluie battante, sans être assuré d'une place, à moins qu'il ne prenne un *supplément*.

(4) Une composition de Watteau, et peut être sa meilleure, représente une *toilette dressée*, sous Louis XV; elle fut achetée quelques *thalers* à Berlin, en 1807, par le vicomte de Laval-Montmorenci, commandant les Gendarmes d'ordonnances. A cette époque ce maître n'était goûté ni en France ni en Angleterre. Quelle a été notre surprise de revoir ce même tableau dans une des belles collections de Londres, et d'apprendre que son propriétaire le paya cent livres sterling. On sait que Watteau a mieux rendu que tous les autres artistes de son temps les scènes d'amour. Ce peintre des *fêtes galantes*, titre sous lequel il fut reçu à l'académie, était l'homme le plus mélancolique et même le plus misanthrope qu'on pût voir.

(5) Le cordonnier Carpentier avait été milicien dans les dragons, et en avait conservé le casque, qu'il ornait outre mesure quand il jouait Achille. Un jour qu'il avait emprunté à son ami, le bedeau de Saint Roch, plusieurs plumes et une aigrette du dais de cette église, le curé s'en aperçut,

et, voulant que ce sacrilège profitât aux pauvres de la paroisse, il se rendit le lendemain de la représentation chez l'*amant d'Iphigénie*; il était accompagné du commissaire de police du quartier. Ces messieurs se firent représenter le casque encore tout empanaché. On verbalisa, on parla de prison, on feignit que l'archevêque et le lieutenant de police voulaient un exemple pour ce scandale ; Mme Carpentier vint tout en pleurs faire ses adieux à son mari, et dans un négligé si peu gazé que le curé détourna la tête, et demanda dans cette posture cent francs, en assurant qu'il arrangerait l'affaire. La somme fut comptée sur le champ par le comédien amateur. Les plumes du dais furent reportées à la sacristie. Cette anecdote défraya le petit lever du Roi.

(6) Rien ne coûtait à l'excellente madame Geoffrin pour venir au secours des gens de lettres et des gentilshommes endettés. Seulement son mari trouvait que d'Alembert *usait trop de culottes* et Poniatowski *trop de chevaux*; mais ces observations étaient toujours faites avec tant de réserve et même de crainte qu'elles n'en paraissaient que plus comiques de la part du pauvre monsieur Geoffrin, à qui Mlle de Lespinasse accordait les vertus de l'âne: la *sobriété* et la *patience*.

(7) Jamais il n'y a eu d'existence plus remplie de contraires que celle du chevalier d'Eon. Nous renvoyons le lecteur aux mémoires de cet homme célèbre, qui fait connaître lui-même les causes pi-

quantes qui l'obligèrent à changer d'habit; il n'est pas de roman aussi attachant que cette lecture. Les documents que l'auteur, M. Gaillardet a puisés aux archives des affaires étrangères, et qui avaient été tenus secrets jusqu'en 1830, ajoutent à cette lecture un intérêt puissant.

(8) Madame de Châteauroux était devenue languissante tout le temps que dura la maladie du roi; son état devint bien plus alarmant quand une lettre de Louis XV lui assura qu'il était sauvé. La joie qu'elle en ressentit fut si grande qu'elle pensa lui coûter la vie. Ce ne fut qu'avec les plus grands ménagements que Maréchal, son médecin, l'arracha des bras de la mort.

(9) C'est le fils de ce ministre qui acheva, sous Louis XVI, ce que son père avait commencé sous le règne précédent. Il était digne du prince qui avait aboli la question, de supprimer aussi les lettres de cachet, et de rappeler aux affaires le fils du disgracié. Le marquis Amelot de Chaillou inspira, dit-on, à l'abbé de Bernis les vers suivants qui furent mis au bas de son portrait :

Il fait aimer l'autorité,
Et le roi qui la lui confie,
Il aurait désarmé l'envie,
S'il était un mortel par elle respecté.

Voilà de *quelle manière* le *Mercure historique et politique* rapporte la disgrâce si peu méritée du ministre des affaires étrangères; véritable peinture de la cour.

« Le 27 mai, à 11 heures du matin, le comte de « Maurepas, (ambitieux sans mérite, et comme « il s'en trouve toujours tant) se transporte, de la « part du roi, chez M. Amelot, rue du Grand- « Chantier, et lui remet au nom de S. M. une lettre « de cachet, par laquelle on le remercie et on lui « accorde une pension de vingt mille francs; après « quoi M. de Maurepas mit le scellé sur tous les « effets du cabinet du ministre. »

Le 26, M. Amelot avait encore travaillé avec le roi, aussi bien qu'avec les autres ministres, sans qu'il se fût aperçu le moins du monde du changement qui l'attendait le lendemain.

Le *Mercure historique* donne encore l'explication suivante, qui prouve que les lettres de cachet n'étaient point signées par le roi, comme beaucoup de personnes le croient.

« La lettre de cachet est un ordre dont le roi ne « sait ordinairement rien, contenu dans une sim- « ple *lettre* fermée de son cachet, signée du nom « du roi, par quelque créature du ministre et sous- « crite par un secrétaire d'État, pour envoyer en « exil ou en prison la personne à qui elle est adres- « sée. Pendant la régence et depuis on a fait un « abus affreux des lettres de cachet. Les secrétai- « res d'État en sont les dépositaires. Ils en lâchent « contre qui ils veulent. Si quelqu'un leur déplaît « ou à leur famille, ou à leurs amis, une lettre de « achet cart, qui l'envoie à la *Bastille* ou *ailleurs*,

« pour autant de temps que celui qui l'expédie le « juge à propos. Ce sont des arrêts dont il n'y a « point d'appel ; et il n'est point possible de porter « les plaintes aux pieds du trône, puisque Sa Ma- « jesté ne reçoit ni mémoires ni requêtes qui ne pas- « sent par les mains des secrétaires d'État ou de « leurs créatures; et de cette manière il arrive tous « les jours que de très-honnêtes gens périssent ou « dans l'exil ou dans une prison, sans, comme à « l'inquisition, savoir quel est leur crime. Je con- « nais un très-honnête homme, très-fidèle sujet du « roi, chez qui, pour avoir déplu à une cousine « d'un secrétaire d'État, on envoya une trentaine « d'Exempts pour le prendre mort ou vif. Si le roi « était informé de ces injustices criantes, il est « certain que bientôt il ferait défendre d'obéir à « aucune lettre de cachet que sa Majesté *n'aurait* « *pas signée elle-même*, et qui s'envoie sous *le bon* « *plaisir*.

(A) En Prusse, la première condition d'admissibilité aux emplois, c'est d'être capable, et d'avoir fait preuve de sa capacité dans les examens.

. . . .

Si l'État se montre sévère pour le service militaire, il offre par compensation des avantages à ceux qui l'ont bien servi. Ainsi, après quinze ans, les officiers peuvent se contenter de leur pension de retraite ou demander un emploi. Les sous-officiers après neuf ans jouissent du même avantage. Ces derniers ont droit, après examen, à la totalité des places de copistes et d'écrivains, et à la moitié des autres places subalternes de second degré attachées aux tribunaux et aux administrations. A mérite égal avec les autres concurrents, les sous-officiers sont préférés.

. . . .

En Prusse et en général en Allemagne, on ne se contente pas, comme en France, des examens universitaires, qui sont souvent une garantie insuffisante. Au sortir des écoles, après les examens, soit de *médecine*, soit de *droit*, soit de *théologie*, il reste encore à subir une examen civil, si l'on peut ainsi dire (*staatsprufung*), tantôt parce qu'on regarde en Allemagne, comme une fonction publique, ce qui, chez nous, est une profession libre; tantôt parce que l'état croit devoir à sa mission de ne tolérer l'exercice de certaines professions qu'après s'être assuré que ceux qui les embrassent sont capables de les exercer dignement et sans danger pour la sûreté publique ou individuelle. Le *notariat*, par exemple, est, en Allemagne, une fonction publique; il est donné au mérite : ce n'est point une charge vénale.

. . . .

Dans aucun état de l'Europe on n'a montré plus de sollicitude pour l'instruction du peuple et ses développements qu'en Prusse. Sur 13,038,960 habitants, il existait en l'année 1831, 21,789 écoles élémentaires dans lesquelles 1,917,934 enfants des deux sexes recevaient de l'instruction.

L'instruction littéraire s'acquiert dans des gymnases et des universités. En 1832 on comptait en Prusse 124 gymnases, dans lesquels 24,661 écoliers recevaient l'instruction ; de ce nombre, 738 fréquentaient l'université, tandis que 2,326 avaient choisi d'autres vocations. (Ch. Noël; préface des Droits et devoirs des fonctionnaires prussiens, par Rumpf, conseiller de cour royale, 1 vol.)

Cette traduction fait honneur au jeune savant que l'on voit déjà marcher sur les traces d'un père qui, au milieu de ses travaux d'ambassadeur et de préfet, s'occupait, dans son amour pour la jeunesse, des *Lexiques* et autres ouvrages qui l'ont rendu une des gloires de l'université de France dont il était inspecteur général, et que la mort a trop tôt enlevé.

(B) Ces exemples d'écriture, parfaitement tracées de la main du jeune roi appartenaient aux jésuites de la rue Saint-Antoine à qui le cardinal Fleuri les avait données; elles occupaient une place d'honneur dans leurs archives, pillées en partie le jo ur de la prise de la Bastille.

(10) Bachaumont dit dans ses *Mémoires secrets* (mars 1769) : « On ne saurait trop faire connaître les actions patriotiques. Le sieur Lecomte, vinaigrier ordinaire du roi, vient de donner *trois mille livres* aux écoles royales gratuites de dessin. »

Nous ajoutons que ce généreux exemple fut suivi depuis par plusieurs autres marchands. C'est qu'alors un luxe ridicule et de mauvais goût ne sacrifiait rien à l'enseigne ni à la boutique. Une probité sévère était le plus bel ornement du commerce, et l'on ne voyait point reparaître dans les affaires celui qui avait failli. Une *banqueroute* imprimait une telle honte qu'on allait au loin se cacher et que l'on faisait changer de nom à ses enfants, afin que plus tard ils pussent embrasser une carrière.

(D) Prieur, qui avec Carnot étaient les dispensateurs des grades militaires sous le directoire, a possédé ce document précieux ; il le montrait un jour à son ami le général Clauzel, en lui disant plaisamment : Nous aurions fait un homme de Louis XV, s'il avait été des nôtres. »

(E) *Les courtisans* dont nous parlons sont les mêmes que Racine a flétris par ces vers :

Détestables flatteurs, présent le plus funeste,
Que puisse faire aux rois la colère céleste !

Ceux-là, en aucun temps, n'ont rendu de services à l'état ; ils ont vécu d'intrigues, ils ont trompé la religion du prince, et pour mieux entretenir leurs vices, ils se disaient pauvres quand ils ne l'étaient point, afin d'obtenir pensions et emplois qui n'auraient dû être réservés qu'au mérite indigent, si le vrai mérite ne se renfermait presque toujours dans la dignité du malheur, qui ne sait pas demander. Cette esquisse ne ressemble en rien à l'homme de cour, ami de son Roi, lui rendant hommage sans bassesse, sachant lui dire la vérité et venant au jour du danger lui offrir son bras et son bien. Un tel homme a des droits à nos respects; c'est dans les termes suivants que le définit Saint-Allais :

« Le nom de *courtisan* était alors transformé en « celui de soldat, et de soldat intrépide, dévoué à « la défense du prince et de la patrie. Pour se con- « vaincre de cette vérité et rendre à la *noblesse* « *française* la justice qu'elle mérite, on peut con- « sulter les historiens qui parlent des diverses « cours: tous les noms qui s'y rencontreront comme « *courtisans*, se retrouveront dans la *Chronologie* « *militaire* de Pinard avec les services les plus « distingués et établis d'une manière officielle, « patente, indiscutable. L'homme de cour dispa- « raît, et l'on voit à sa place l'homme d'armes, « le capitaine le plus brave, le plus expérimenté, « enfin le héros qui a toujours contribué de son « sang et de sa vie au salut de son pays. » (Annuaire historique, 1835, page 214).

LE MANTEAU DE DUCHESSE.

(1) Charles de Sévigné, guidon des gendarmes du Dauphin, servit en cette qualité avec distinction au siége de Valenciennes, où en portant avec beaucoup d'intrépidité à la tranchée une fascine en la tête des gendarmes, il eut le talon de sa botte emporté par un boulet sans que la semelle en fût endommagée, ce qui rendit les chairs de son talon fort noires et comme en bouillie; on fut obligé d'y faire des incisions qui le mirent en danger. (*Abrégé chronologique et historique de la maison du roi, par Simon de Neuville.*)

On est surpris que Madame de Sévigné ne dise

rien dans ses lettres d'un tel événement ; après cela faut-il s'étonner si elle se tait sur tant d'autres choses dont elle fut témoin , mais sur lesquelles elle ne s'explique pas, vu sa position à la cour.

(2) M. de Cœtlogon battit, le 22 mai 1703 , cinq vaisseaux de guerre qui escortaient une flotte anglaise et hollandaise : il y en eut quatre de pris, et le cinquième fut coulé à fond; mais la flotte eut le temps de se sauver pendant le combat. (Histoire militaire de Louis le Grand , par le marquis de Quincy. Histoire de France, par le président Hénault).

Ce marin jouissait d'une très-grande faveur auprès du comte de Toulouse, et entretenait avec ce prince une correspondance des plus familières , à en juger par les anecdotes que possède la Bibliothèque Royale , sect. des Manuscrits ; mais qui nous ont paru trop lestes pour être reproduites.

(3) « Le roi eut hier une conversation fort vive « avec Madame de Montespan ; j'étais présente. « Diane en fut le sujet. J'admirai la patience du « du roi et l'emportement de la marquise. Le tout « finit par ces mots terribles : *Je vous l'ai déjà dit,* « *Madame, je ne veux pas être gêné.*

. . . .

(Lettre CXI de Mme de Maintenon, 4 mai 1679.)

(4) On sait que Mme de Montespan , après avoir fait enfermer *Lauzun* pendant dix ans à Pignérol,

ne lui fit recouvrer la liberté qu'à la condition que *Mademoiselle*, qu'il avait épousée secrètement, céderait au duc du *Maine* la souveraineté de Dombes et le comté d'Eu ; mais ce que quelques personnes ignorent, c'est que c'est immédiatement après qu'elle eut fait ce sacrifice au bonheur de revoir de suite un ingrat, qu'elle reçut de lui, au retour de la chasse, cet outrage bien connu : *Louise d'Orléans, tire moi mes bottes.*

(5) L'esprit d'ordre et de convenance chez Mme de Maintenon s'étendaient sur tout, ainsi que nous le voyons dans cette petite lettre à M. d'Aubigné :

« Une femme de quinze ans n'est pas un petit embarras : je vous admire de songer à aller courir le pays. La pauvre enfant, pouvez-vous la laisser seule ? elle m'écrit qu'elle en mourra de chagrin. Ne la quittez point, ou qu'elle soit du voyage. Je vous envoie l'état de ce que j'ai dépensé pour l'habiller et pour la noce ; ce n'est pas pour vous la faire payer, mais pour vous faire voir que l'argent va vite, et que la somme est forte pour des personnes comme nous. On a fait des chemises pour votre femme comme pour la reine, et homme vivant n'en a d'aussi belles que vous ; je n'ai jamais eu ni n'aurai rien de pareil, quoique je passe ma vie à la cour où l'exemple porte tout à l'excès. Vous me ruinerez entièrement, mon très-cher frère, si vous n'épargnez aussi de votre côté.

(6) Le baron d'Astorg, père de cinq jolies filles qui assistèrent aux fêtes de Dunkerque avec leur

mère, était gentilhomme ordinaire de la chambre, en 1680; ses descendants sont aujourd'hui maréchaux-de-camps.

(7) Benserade avait eu le monopole des ballets de l'ancienne cour : il composait des rondeaux pour les récits, et il avait l'art d'en approprier les paroles au caractère, à la situation des personnes chargées de les dire.

Quand l'opéra s'introduisit en France, le ballet changea de forme : Quinault imagina un genre mixte, dans lequel les récits dominèrent, et la danse n'eut plus qu'un rôle inférieur. *Les Fêtes de Bacchus et de l'Amour* furent représentées à Paris, en 1671, et cette nouveauté réussit beaucoup. En 1680, Quinault et Lulli donnèrent, à Saint-Germain, le *Triomphe de l'Amour*. A compter de cette époque, le ballet disparut sans retour, et fut relégué dans les colléges. La danse ne servit plus que comme intermède, ainsi qu'elle était jadis chez les Grecs et chez les Romains. Lamotte changea la forme adoptée par Quinault, et donna, dans l'*Europe galante*, le modèle d'un ballet qui fut regardé longtemps comme le *nec plus ultrà* de l'invention et de l'art : il consistait en trois ou quatre entrées précédées d'un prologue. Le prologue et chacune des entrées formaient des actions séparées avec un ou deux divertissements mêlés de chant et de danses. Mais la danse n'en était pas au terme de ses révolutions. Asservie au chant, elle devait tendre à reconquérir son indépendance ; et elle y est enfin parvenue avec l'aide de quelques artistes supérieurs, les Noverre, les Dauberval, les Vigano et les Gardel. (*Encyclopédie du XIX*e *siècle*).

(8) Mme de Sévigné dit, en parlant de ce bal de Villers-Cotterets :

« Il y avait des masques ; Mademoiselle de Fontanges y parut brillante et parée des mains de Mme de Montespan. Cette dernière dansa très-bien : Fontanges voulut danser un menuet ; il y avait longtemps qu'elle n'avait dansé ; il y parut, ses jambes n'arrivèrent pas comme vous savez qu'il faut arriver : la courante n'alla pas mieux, et enfin elle ne fit plus qu'une révérence.

(9) Mme de Montespan était alors dame d'honneur de la reine. Elle jouait la vertu pour mieux tromper cette princesse. Elle communiait, faisait avec éclat de bonnes œuvres et visitait les hôpitaux.

(10) M. de Moissac, cornette des mousquetaires gris, avait monté sur les morts qui bouchaient le guichet et s'était guindé par-dessus la bascule. Il arriva au pont levis dans le temps qu'on le baissait, et le nombre de ceux qui le suivaient augmentant insensiblement. il gagna la rue d'Azin, où, voyant deux escadrons des ennemis qui venaient pour charger le peu de monde qu'il avait avec lui, il tint ferme à un petit pont de pierre qui coupe la rue en deux, et s'y retrancha avec quelques charettes, pendant

que les mousquetaires qu'il avait jetés dans les maisons voisines, tiraient sur ceux qui en voulaient approcher, et quelques mousquetaires ayant tourné contre une troupe de cavalerie qui venait le long du rempart, une pièce de canon de la ville qui se trouvait encore chargée, les assiégés, croyant qu'une partie de l'armée était déjà dans la place, se retirèrent sans oser avancer plus avant. M. de Moissac, profitant de l'occasion, sortit de son retranchement et fit prisonnier le colonel des dragons. (*Siège de Valenciennes*, *Histoire militaire de Louis XIV*).

L'arrière-petit-fils de cet officier était capitaine à l'état major général de l'ex-garde royale et filleul de Louis XVIII.

(11) Le dernier descendant du maréchal d'Humières a fait avec distinction les campagnes de Prusse et de Pologne comme gendarme d'ordonnance de l'Empereur.

(12) Le descendant de Charles de Beaucorps était chef d'escadron au 1er régiment de grenadiers de la garde royale, et avait servi brillamment aux gardes d'honneur. Sur la demande de Mme Anne-Madeleine de Créquy, son aïeule maternelle, il fut autorisé, par ordonnance du roi, 11 octobre 1815, à porter le nom et les armes de *Créquy*, et à s'appeler le comte Beaucorps-Créquy (cette dernière famille étant éteinte).

(13) Sous le règne de Louis XIV, Gaspard, marquis d'Espinchal, comte de Massine, s'attira la co-

lère du roi en 1660 ; un jugement le condamna à avoir la tête tranchée. Il sut échapper à cette condamnation par la fuite. Il a laissé dans sa province des souvenirs devenus populaires par l'abus qu'il faisait de sa haute position, soit en inquiétant continuellement ses voisins, soit en persécutant ses vassaux. Gaspard, d'une force prodigieuse, d'une stature colossale et d'un courage remarquable, joignait à cela un caractère très irascible, que la fréquentation de la cour n'avait pu adoucir ; mais ce qui mit le comble à sa conduite reprochable, ce fut un combat qu'il livra dans la *Planèze*, près de St-Flour, non loin du château de *Corin*, et qui provoqua la sentence portée contre lui.

Les combattants, au nombre de huit, se rencontrèrent sur le lieu du rendez-vous. Gaspard avait avec lui pour témoins un de ses cousins, le comte de Montgon, et deux habitants de Massiac, d'une grande bravoure, l'un nommé *Charbonnier*, l'autre *Chaudorrat* (leurs familles existent encore à Massiac). Ses antagonistes étaient le baron de Rochefort de St-Vidal, accompagné de trois frères d'armes ; la lutte fut terrible et sanglante : cinq des combattants furent tués. Gaspard demeura vainqueur ; mais la victoire lui coûta cher : outre la condamnation à mort qu'il encourut, ses biens furent confisqués ; ses châteaux de *Massiac*, *Vernières*, *Besse*, *Tayénac*, les *Ternes* et *Espinchal* furent démolis ; le premier, qui dominait la ville, fut rasé, et ceux de Besse et Vernières offrent encore des ruines d'un grand intérêt.

Le roi fut inflexible dans sa colère contre Gaspard, malgré les prières de sa femme, Hélène de Levi, de ses belles cousines, les duchesses d'Etampes et de Valençay et de sa nombreuse famille.

Gaspard, ayant cependant trouvé moyen de se soustraire à ce jugement en s'évadant, alla en Bavière, fut généralissime des troupes bavaroises, et eut le funeste avantage de battre les Français. Plus tard, lorsque la paix se fit, Gaspard fut chargé de négocier le mariage du grand dauphin avec la princesse de Bavière, en 1680. Il obtint sa réintégration dans ses biens et dans son grade de lieutenant-général ; il reçut en outre le portrait du roi enrichi de diamants, portrait que la famille possède encore aujourd'hui comme souvenir de la faute et du pardon du coupable.

Ses fils et petits-fils sont morts lieutenants-généraux, et la famille est représentée aujourd'hui par deux frères, le marquis d'Espinchal et le comte d'Espinchal, tous deux colonels.

(a) Ce superbe carosse *gris de lin*, son attelage, la livrée de la même couleur avaient été donnés à dessein par Louis XIV à mademoiselle de Fontanges, d'après l'idée qu'on attachait alors à cette nuance, que le père Ménétrier explique ainsi dans un ouvrage où l'on trouve l'analyse de deux ballets allégoriques, représentés à la cour de Chrétienne de France, duchesse de Savoie. Le sujet du premier était le *Gris de lin*, couleur de la duchesse ; en voici le programme :

« Au lever de la toile, l'Amour déchire son bandeau : il appelle la lumière et l'engage par ses chants à se répandre sur les astres, le ciel, la terre et l'eau, afin qu'en leur donnant, par la variété des couleurs, mille beautés différentes, il puisse choisir la plus agréable. Junon entend les vœux de l'Amour et les remplit ; Iris vole par ses ordres dans les airs ; elle y étale l'éclat des plus vives couleurs. L'Amour, frappé de ce brillant spectacle, après l'avoir considéré, se décide pour le gris de lin comme la couleur la plus douce et la plus parfaite ; il veut qu'à l'avenir cette couleur soit le symbole de l'*amour sans fin*. Il ordonne que les campagnes en ornent les fleurs, qu'elle brille dans les pierres les plus précieuses, que les oiseaux les plus beaux en parent leur plumage, et qu'elle serve d'ornement aux habits les plus galants des mortels. »

(b) Mademoiselle Uranie de Beauvais, une des filles de Madame, et la jolie jardinière de l'orangerie de Versailles, sont à peu près les seules cruelles que Louis XIV ait rencontrées. La première épousa Louis-Thomas de Savoie, comte de Soissons. Voilà ce que Madame en dit dans ses lettres : *Elle tint ferme : c'est alors que le roi se retourna vers sa compagne, la Fontanges.* A peine sait-on le nom de la seconde, et encore moins le nom de l'homme qu'elle a préféré à un roi alors jeune et beau. On se demande si de nos jours le prix Monthyon n'eût pas été accordé de préférence à cette dernière sur la fille d'honneur qu'un prince de quarante ans voulait séduire.

(14) Les pages de la chambre et de la grande écurie servaient à l'armée d'aides-de-camp aux aides-de-camp du roi. Le soir, quatre pages, deux de la grande écurie, deux de la chambre, éclairaient à sa majesté avec des flambeaux de cire.

Quand le roi donnait à manger aux dames et seigneurs, c'étaient les pages qui les servaient ; mais leurs majestés l'étaient par des officiers de leurs maisons.

Onze pages suivaient le roi en voyage. En temps de guerre il y en avait un plus grand nombre.

Il fallait faire preuve de noblesse militaire depuis 1550.

(15) Le roi, désirant que ses sujets professent la même religion, envoie au lieutenant-général de police une déclaration qui enjoint à tous les commissaires des quartiers de se transporter avec deux personnes catholiques dans les maisons où ils sauraient qu'il y a des religionnaires malades ou en danger de mourir, afin d'apprendre d'eux s'ils voulaient finir leur vie dans leur religion ; et, en cas qu'ils témoignent d'être instruits dans la religion catholique, ils seraient tenus d'en avertir les curés des paroisses, afin qu'ils assistassent ces malades. (Le marquis de Quincy; *Hist. mil.* de Louis le Grand).

(16) Bussy-Rabutin, dans ses *Amours des Gaules*, rapporte fort plaisamment cette altercation de la reine et du roi, où celui-ci, ne sachant plus que ré-

pondre aux justes reproches qu'elle lui adressait sur des infidélités si peu déguisées, lui dit: « *Allez vous coucher, madame, avec vos petites raisons.* »

(17) Aubarède d'Astorg, archidiacre de l'église cathédrale de Pamiers, eut une très-grande part aux démêlés de l'évêque de cette ville pour l'affaire de *la régale.*

Les régalistes avaient entrepris depuis la mort de ce prélat d'assister aux offices, quoique excommuniés. Le chapitre députa le père d'Aubarède vers l'archevêque de Toulouse, son parent, pour le supplier de faire en sorte que les régalistes, se contentant de tous les revenus du chapitre, ne troublassent pas par leur présence la célébration des mystères. Après avoir consenti, ce prélat changea de sentiment. Les régalistes firent exiler par lettre de cachet le père d'Aubarède. Prisonnier au château de Caën pendant six ans, il n'en sortit qu'en 1686.

Le père Aubarède était en correspondance suivie avec toutes les favorites; mais cette fois, madame de Fontanges mourut trop tôt pour lui.

(18) Ces paroles, qu'on trouve dans toutes les biographies du célèbre Fagon, médecin de la reine, devraient être écrites en lettres d'or sur les murs de la salle des examens de l'école de Médecine; nous ne doutons pas de l'effet salutaire qu'elles produiraient sur les membres de de ce corps savant.

(19) Madame de Montespan mourut, à Bourbon-les-Bains, à soixante-six ans, et dans une piété et

une humilité qui contrastaient avec son ancien caractère. Elle eut la malheureuse idée de laisser par testament ses entrailles à la communauté de St-Joseph ; mais elles infectaient tellement que les capucins de cette ville les firent jeter à la voirie, ce qui inspira ce bon mot à un ami de cour de la marquise : *Est-ce qu'elle en avait ?*

Conçoit-on que le dégoûtant usage de léguer une partie aussi impure de soi-même n'ait pas été aboli depuis cette histoire scandaleuse ?

LES POÈTES A LA COUR.

(a) L'expression irrévérencieuse de *vieille mère Église* venait sans doute de l'abus introduit par de mauvais prêtres de faire payer tous les sacrements à l'insu des évêques. Le Baptême, l'Eucharistie, la Confession étaient taxés. Les pénitences, les messes, les fiançailles, les mariages l'étaient aussi. On en privait quiconque ne les pouvait acheter. Une bénédiction appelée *Bénédiction de l'amour* n'était jamais marchandée; elle consistait en du vin que le prêtre faisait boire aux amants. Des ecclésiastiques, que l'appât de l'or dévorait, ne craignaient pas de compromettre la religion et de se déshonorer eux-mêmes en acceptant de l'argent pour prier en faveur de l'adultère pendant une année et quelquefois pendant toute une vie, moyennant *une quarte de vin par an.* (*Glossaires de Ducange et de Carpentier. Histoire de France de l'abbé Velly.*)

Dans ce même Glossaire de Carpentier on lit encore qu'une jeune fille n'ayant point d'argent pour payer le salaire de son confesseur, consent à se déshonorer.

(b) *Extrait de la relation sur le Quiétisme de M. l'évêque de Meaux.*

Il y avait longtemps, dit Monseigneur l'évêque de Meaux, que j'entendais dire à des personnes distinguées par leur piété et par leur prudence, que M. l'abbé de Fénélon était favorable à la *Nouvelle Oraison.* Inquiet pour lui, pour l'Eglise, et pour les princes de France, dont il était déjà précepteur, je le mis souvent sur cette matière, et tâchai de découvrir ses sentiments, dans l'espérance de le ramener à la vérité, au cas qu'il s'en écartât. J'eus quelque peine de voir que M. de Fénélon n'entrait pas avec moi dans cette matière avec autant d'ouverture que dans les autres que nous traitions tous les jours. A la fin je fus tiré de cette inquiétude par un de nos amis communs, qui me déclara que Mme Guyon et ses amis voulaient remettre à mon jugement l'Oraison qu'elle enseignait et les livres qu'elle avait composés.

Ce fut vers le mois de septembre 1693, qu'on me proposa cet examen. Je connus bientôt que c'était M. l'abbé de Fénélon qui avait donné ce conseil, et je regardai comme un bonheur de voir naître une occasion si naturelle de s'expliquer avec lui. Je vis

Mme Guyon. On me donna tous ses livres, non-seulement les imprimés, mais encore les manuscrits, comme sa vie, qu'elle avait écrite dans un gros volume ; des commentaires sur Moïse, sur Josué, sur les Juges, sur l'évangile, sur les épîtres de saint Paul, sur l'Apocalypse, et sur beaucoup d'autres livres de l'Ecriture. Je les lus avec attention, et en fis d'amples extraits. J'en écrivis au long les propres paroles. J'en marquai tout jusqu'aux pages et pendant quatre ou cinq mois je me mis en état de prononcer le jugement qu'on me demandait. Je ne voulus jamais me charger de confesser, ni de diriger cette dame, quoiqu'elle me l'eût proposé. Ce dont je me chargeai fut de lui déclarer mon sentiment sur son Oraison, et sur la doctrine de ses livres, en acceptant la liberté qu'elle me donnait de lui ordonner, et de lui défendre précisément sur cela, ce que Dieu, dont je demandais perpétuellement les lumières, voudrait m'inspirer.

La première occasion que j'eus de me servir de ce pouvoir fut celle-ci. Je trouvai dans la vie de Mme Guyon, *que Dieu lui donnait une abondance de grâce, dont elle crevait, au pied de la lettre.* Il fallait la délacer. Frappé d'une chose aussi étonnante, je lui écrivis de Meaux à Paris, que je lui défendais d'user de cette nouvelle communication de grâces, jusqu'à ce qu'elle eût été plus examinée.

Comme madame Guyon sentit d'abord que je trouverais beaucoup de choses extraordinaires dans sa vie, elle me prévint là dessus par une lettre, où elle m'écrivit, qu'il y avait trois choses extraordinaires que j'aurais pu remarquer. Que la première, qui regardait les communications intérieures en silence, était aisée à justifier par un grand nombre de personnes qui en avaient fait l'expérience. *Pour les choses à venir*, ajoutait-elle, *nos amis pourront facilement vous justifier cela, soit par des lettres qu'ils ont en main, soit par quantité de choses qu'ils ont témoignées. Pour les choses miraculeuses, je les ai mises dans la même simplicité que le reste.* Pour les communications en silence, elle tâcha de les justifier par un écrit qu'elle joignit à sa lettre, avec ce titre : *La main du Seigneur n'est pas accourcie.* Quand je lui eus défendu ces absurdes communications, elle tâcha d'en excuser une partie, comme la rupture de ses habits. Ce qu'il y avait de bon dans sa réponse, c'est qu'elle promettait d'obéir et de n'écrire à personne, ce que j'avais aussi exigé d'elle, pour l'empêcher de se mêler de direction, comme elle faisait avec une autorité étonnante.

Je continuai la lecture de ses livres, et vins à l'endroit où elle prédit le règne prochain du Saint-Esprit par toute la terre. Je ramassai les endroits où elle rapporte ses visions, ses prédictions, ses songes mystérieux, son Apostolat, son état d'Epouse, où elle parvient à une si grande perfection qu'elle ne pouvait plus prier les Saints ni la Sainte Vierge.

Quoique les erreurs que je trouvai dans les livres de Mme Guyon fussent infinies, celle que je relevai alors le plus fut celle qui regardait l'exclusion de tout désir et de toute demande pour soi-même, en s'abandonnant aux volontés de Dieu les plus cachées, quelles qu'elles fussent, ou pour la damnation, ou pour le salut. Je l'interrogeai là-dessus dans une longue conférence. Elle s'embarrassa beaucoup sur les demandes de l'Oraison Dominicale qu'elle disait ne pouvoir faire. Lui ayant ordonné de répéter après moi ces paroles : *Mon Dieu, je vous prie de me pardonner mes péchés : Je puis bien*, répondit-elle, *répéter ces paroles ; mais en faire entrer le sentiment dans mon cœur, c'est contre mon Oraison.* Ce fut là que je lui déclarai qu'avec une telle doctrine je ne pouvais plus lui permettre les saints Sacrements, et que sa proposition était hérétique. Elle promit quatre et cinq fois de recevoir instruction et de s'y soumettre.

Cette conférence fut suivie d'une autre plus importante avec M. l'abbé de Fénélon. J'espérais qu'en lui montrant les erreurs de Mme Guyon, il conviendrait qu'elle était trompée. Mais je remportai pour toute réponse ; *que puisqu'elle était soumise pour la doctrine, il ne fallait pas condamner la personne.* Je me retirai étonné de voir un si bel esprit dans l'admiration d'une femme dont les lumières étaient si courtes, le mérite si léger, les illusions si palpables, et qui faisait la prophétesse.

Le 4 de mars 1694 j'écrivis une longue lettre à Mme Guyon sur les difficultés qui viennent d'être rapportées. La réponse qu'elle y fit bientôt après fut très-soumise. Elle accepta le conseil qu'on lui donnait de se retirer sans voir personne et sans écrire. En même temps elle tourna l'examen d'un autre côté, et se mit dans l'esprit de faire examiner les accusations contre ses mœurs, et fit demander au roi des commissaires, pour informer de sa vie. La protection dont elle se flattait lui ayant manqué, elle fit proposer par ses amis que, pour achever l'examen de la doctrine, on m'associât l'évêque de Châlons, à présent archevêque de Paris, et M. Tronson, supérieur-général de la congrégation de saint Sulpice. On donna les livres de Mme Guyon à ces Messieurs. M. l'abbé de Fénélon commença alors en grand secret à écrire sur cette matière. Les écrits qu'il fit tendaient à soutenir ou à excuser ceux de Mme Guyon. Pendant sept ou huit mois que nous employâmes à cet examen, Mme Guyon nous envoya quinze ou seize cahiers dans lesquels elle faisait le parallèle de ses livres avec ceux des Saints Pères, des théologiens et des auteurs spirituels. Nous lûmes ces écrits avec une attention incroyable, et j'en fis des extraits que je garde encore. Pendant l'examen, M. l'abbé de Fénélon nous écrivit des lettres où il mêla tant de témoignages de soumission, que nous ne pûmes croire que Dieu le livrât à l'esprit d'erreur. *Je ne tiens qu'à une seule chose, qui est l'obéissance simple.* Ce sont les propres termes d'une lettre qu'il m'écrivit. « Ma conscience est donc dans la vôtre ; si je manque c'est vous qui me faites manquer, faute de m'avertir. C'est à vous à répondre de moi ; si je suis un moment dans l'erreur, je suis prêt à me taire, à me rétracter à m'accuser, et même à me retirer si j'ai manqué à ce que je dois à l'Eglise. »

Pendant les conférences le secret fut impénétrable, et autant que M. de Châlons et moi travaillions à ramener M. l'abbé de Fénélon, autant ménagions nous sa réputation. Peu de temps après il fut nommé à l'archevêché de Cambrai, et il continua de nous demander notre jugement avec la même humilité. Nous dressâmes trente-quatre articles à Issy, et les présentâmes au nouveau prélat, qui offrit de les signer dans le moment par obéissance. Mais nous trouvâmes plus à propos de les lui laisser afin qu'il les considérât à loisir. Il nous rapporta sur chaque article des restrictions qui en éludaient toute la force. Mais enfin il céda, et les articles furent signés le 10 mars 1695.

M. de Cambrai demeura si bien dans cet esprit de soumission, que deux jours avant son sacre, étant à genoux et me baisant la main, car il m'avait prié de faire cette cérémonie, il me protesta qu'il me prenait à témoin qu'il n'aurait jamais d'autre doctrine que la mienne. Après la signature des articles, et vers le temps du sacre, M. de Cambrai me pria de garder quelques-uns de ses écrits, pour être un témoignage contre lui, s'il s'écartait jamais des sentiments qu'il avait signés. Je lui répondis que je ne voulais point d'autre précaution avec lui que sa foi, et lui rendis tous les papiers sans en réserver un seul, ni autre chose que les extraits dont je voulais me servir pour réfuter ces erreurs sans nommer l'auteur.

Ayant composé une instruction pour expliquer les articles signés à Issy, je priai Mgr de Cam brai de joindre son approbation à celle de M. de Châlons, devenu archevêque de Paris, et à celle de M. de Chartres. L'approbation fut refusée. Un ami commun me rendit une lettre de créance de la part de M. de Cambrai, et sur cette créance il me rapporta que ce prélat ne pouvait donner d'approbation à mon livre, parce que je condamnais Mme Guyon, qu'il ne pouvait condamner. Mon manuscrit me fut rendu sans l'approbation que je souhaitais.

Cependant Mme Guyon avait demandé d'être reçue dans le diocèse de Meaux pour y être instruite. Elle fut mise dans le couvent des filles de Sainte-Marie. Comme ses lettres et ses discours ne respiraient que soumission, on ne put la priver des Sacrements. Je l'instruisis, et elle signa les articles, où elle reconnaissait la destruction entière de sa doctrine. Un peu après elle souscrivit aux censures que je publiai avec Mgr l'évêque de Châlons, et elle condamna *Moyen Court, et le Cantique des Cantiques*, qui étaient les seuls livres imprimés qu'elle avouait. Elle offrit de brûler les manuscrits, ce que je jugeai inutile, à cause des copies qui en avaient été répandues : mais je lui défendis de les communiquer, d'enseigner, et je la réduisis au silence. Elle alla aux eaux de Bourbon, et au retour souhaita de rentrer au même monastère, à quoi je consentis dans le dessein de dissiper toutes ses illusions, et de ne lui en laisser, s'il se pouvait, la moindre teinture. Ce fut alors que je lui donnai une attestation que ses amis vantent fort, mais qu'elle n'a jamais osé montrer à cause des conditions et des restrictions qui y sont insérées. L'attestation est du 1er juillet 1695. Le lendemain je partis pour Paris, et Mme Guyon s'échappa, se cacha, fut prise, et convaincue de beaucoup de contraventions à ce qu'elle avait signé. Quant à M. de Cambrai, il rechercha diverses excuses pour *couvrir le refus de son approbation.* Ces excuses sont contenues dans un écrit que M. de Meaux rapporte tout entier pour en faire ensuite une discussion plus exacte. M. de Cambrai déclare dans cet écrit, qu'il ne voyait aucune difficultéentre M. de Meaux et lui sur le fond de la doctrine, et qu'il serait ravi d'approuver son livre: mais que s'il y attaquait personnellement Mme Guyon, il ne pouvait l'approuver. M. de Meaux répond que si M. de Cambrai prend pour réfutation personnelle la condamnation de la personne, il ne songeait pas à condamner la personne de Mme Guyon qui s'était soumise ; que s'il appelle réfutation personnelle celle de son livre, ce n'était donc pas sa personne, mais son livre qu'il voulait défendre.

L'archevêque de Cambrai dit ensuite qu'on n'a pas manqué de lui dire qu'il pouvait condamner les livres de Mme Guyon sans diffamer sa personne et sans se faire tort; mais il conjure ceux qui parlent ainsi de peser devant Dieu les raisons qu'il va représenter. Il dit que les erreurs que l'on impute à cette femme ne sont point excusables; que c'est un système monstrueux qui est lié dans toutes ses parties, et qui se soutient d'un bout jusqu'à l'autre, et qui renverse la tradition universelle de l'Eglise; que si cela est, l'abomination évidente des écrits de Mme Guyon rend évidemment sa personne abominable; et qu'il ne peut par conséquent séparer sa personne d'avec ses écrits.

Il semble, réplique M. de Meaux, de la manière dont M. de Cambrai charge les choses, qu'il a voulu se faire peur à lui-même, et une illusion manifeste au lecteur. Il n'y a que ce seul mot à considérer. Si cette Dame persiste dans ses erreurs, il est vrai que sa personne est abominable. Si au contraire elle souscrit aux censures qui réprouvent cette doctrine, et ses livres, où elle avoue qu'elle est contenue, il n'y a que ces livres qui demeurent condamnables. On avait donc raison de dire à M. de Cambrai qu'il pouvait approuver mon livre sans blâmer Mme Guyon, que je supposais repentante.

Pour moi, continue M. de Cambrai, je ne pouvais approuver le livre où M. de Meaux impute à cette femme un système si horrible en toutes ses parties, sans me diffamer moi-même, et sans lui faire une injustice irréparable. En voici la raison. Je l'ai vue souvent; tout le monde le sait. Je l'ai estimée, je l'ai laissé estimer par des personnes illustres, dont la réputation est chère à l'Eglise, et qui avaient confiance en moi. Je n'ai pu ni n'ai dû ignorer ses écrits ; quoique je ne les aie pas tous examinés dans le temps, du moins en ai-je su assez pour me devoir défier d'elle, et pour l'examiner en toute rigueur. Je l'ai fait avec plus d'exactitude que ses examinateurs ne le pouvaient faire ; car elle était bien plus libre, bien plus ouverte avec moi dans le temps où elle n'avait rien à craindre. Je lui ai fait expliquer souvent ce qu'elle pensait sur les matières qu'on agite. Je l'ai obligée à m'expliquer la valeur de chacun des termes de ce langage mystique dont elle se servait dans ses écrits. J'ai vu clairement en toute occasion qu'elle les entendait en un sens très-innocent et très-catholique. J'ai même voulu suivre en détail et sa pratique et les conseils qu'elle donnait aux gens les plus ignorants et les moins précautionnés. Jamais je n'ai trouvé aucune trace de ces maximes infernales qu'on lui impute. Pouvais-je en conscience les lui imputer par mon approbation et lui donner le dernier coup pour sa diffamation, après avoir vu de près si clairement son innocence?

La réponse de M. de Meaux à ce long article est fort courte, et se réduit à dire que s'il avait bien pris le sens des livres de Mme Guyon, il fallait en approuver la condamnation avec lui ; et que s'il ne l'avait pas bien pris, il fallait en conférer avec lui, à moins qu'à être déterminé à défendre les livres de cette femme à quelque prix que ce fût. Après que M. de Meaux a rapporté le reste des excuses contenues dans l'écrit, et qu'il a tâché de faire voir combien ces excuses sont vaines, il passe aux faits contenus dans le même écrit, qui sont très-peu de chose. Le récit de ces faits est suivi de l'histoire du livre de M. de Cambrai. L'évêque de Meaux dit que ce livre parut au mois de février 1697, sans aucune aprobation, pas même de ceux dont l'auteur avait promis de la prendre; que le soulèvement fut prompt et universel; que tout le monde fut indigné de la hauteur des décisions, du raffinement des termes et de la nouveauté de la doctrine; que le cri public apprit au roi que Mme Guyon avait trouvé un défenseur dans sa cour; et que Sa Majesté lui fit de justes reproches, aussi bien qu'à Mgr l'archevêque de Paris, de lui avoir tu ce qu'ils savaient seuls.

Depuis la publication de ce livre, il a paru une lettre pastorale de Mgr l'évêque de Chartres au clergé de son diocèse, sur le livre intitulé : *Explication des Maximes des Saints*, et sur les explications différentes que l'archevêque de Cambrai en a données. Ce prélat doit répondre à cette lettre, à celle de l'archevêque de Paris, et à la relation sur le quiétisme, que M. de Meaux doit faire traduire en latin pour envoyer à Rome.

(2) Philippe IV dit le Bel, éprouva tant de chagrin des mauvaises mœurs de ses belles-filles, qu'il sentit sa fin approcher beaucoup plus tôt, ajou-

tez à cela les remords qui le rongeaient depuis la condamnation des Templiers. Un huissier favorisait les intrigues des princesses ; un religieux Jacobin leur fournissait des remèdes contre la grossesse: tous deux furent pendus. (*Grégoire de Tours, Sauval et Sainte-Foix.*)

(3) « En 1321, vint se ranger parmi les poètes, Philippe V dit le Long, quatrième du nom, comte de Poitou, puis roi de France, le prince le plus éclairé de son siècle, et qui aimait les lettres et ceux qui les cultivaient, les protégeait, les attirait de toute part à sa cour, leur donnait des charges ou des pensions ; de sorte que tous ses commensaux étaient poètes. » (*Essais historiques sur l'art dramatique, Bibliothèque des théâtres, vol.* 1.)

(4) Dans une de ces pièces de théâtre qu'on nommait *Féerie* « on y vit Dieu, dit une ancienne chronique, manger des pommes, rire avec sa mère, dire ses patenôtres et juger les morts. Les bienheureux chantaient en Paradis avec les anges, et les damnés pleuraient dans l'enfer au milieu de plus de cent diables qui riaient de leur infortune. On y représentait divers sujets de l'Ecriture-Sainte, l'état d'Adam et Eve avant et après leur péché; on y vit maître Renard, d'abord simple clerc, chantant une épître, puis évêque, archevêque, enfin pape, toujours croquant poussins et poules » (*Histoire de France par Royou, vol.* 2.)

(5) Les *Galois* et les *Galoises*, disent quelques historiens modernes, d'après les chroniqueurs du

temps, tenaient à un ordre où : « Chevaliers, écuyers, femmes, filles, servants et tout initié devaient prouver l'excès de leur amour par leur constance à braver les rigueurs des diverses saisons, et en conséquence se vêtir légèrement dans les plus grands froids et chaudement durant les chaleurs les plus ardentes. L'été ils allumaient des feux très-vifs et s'en approchaient le plus près possible ; l'hiver ils se gardaient de se chauffer. Lorsqu'un Galois entrait chez une femme mariée, l'époux sortait, et ne revenait qu'après le départ du premier. La plupart de ces insensés, hommes et femmes, moururent en parlant d'amour. Cette extravagance néanmoins dura longtemps et succéda à celle des PASTOUREAUX bien autrement atroce. »

(6) La procession que Louis *le Hutin* fit faire de de Paris à Saint-Denis en 1315, pour ramener les beaux jours nécessaires au bien de la terre, est remarquable par la multitude des personnes des deux sexes et de toutes conditions qui vinrent y figurer pieds nus, de cinq lieues à la ronde, et en chemises. (*Continuation de Nangis.*)

(7) Béatrix Milon, *surnommée Blanche-Rose*, héroïne de cette chronique, précéda de quelques années une autre muse : « Damoiselle de Flassans, « qu'on appelait *Blanche-Fleur ;* elle était écolière « du gentilhomme Geoffroy du Luc, qui faisait des « vers en toutes les langues. Elle avait de si heu« reuses dispositions, et elle profita si bien des « leçons qu'il lui donna, qu'elle le surpassa en

« poésie. » (*Poètes français*; 1340. *Bibliothèque des théâtres.*)

(8) Un descendant du poète Milon, sire de Villiers, existe encore; c'est à lui que l'on doit une réfutation brillante de l'ouvrage de l'abbé de Lamennais, *Les paroles d'un Croyant*, et par une coïncidence remarquable, le comte de Villiers cultive aussi avec succès la poésie, ainsi que ses filles dont on connait déjà les jolis vers et les charmants tableaux, entre autres celui d'Anne de Boulen qui a eu un grand succès au salon, et dont la chanoinesse Milon de Lernay est auteur.

(9) Il y avait dans la garde royale plusieurs officiers du nom de du Mor; l'un d'eux descendait de cette antique maison dont l'ancêtre figure dans cette chronique et sur la montre ci-dessous :

Gens-d'armes de Savoie et Viennois qui ont servy ès parties de la Languedoc. Sous le gouvernement de Mgr Pierre de *la Palu*, sire de Varambon, capitaine pour le Roy nostre sire et es dites parties pour le siége de Puyguillem.

Chevaliers banneret.

Mgr Pierre de la Palu, chevalier, sénéchal de Toulouse, capitaine pour le Roy, pour sa personne néant.

Pour Mgr Loys de la Palu, chevalier banneret, vingt-un escuyers montez au pris et quatre menestrels à cheval de la compagnie dudit capitaine du 23me jour de janvier l'an 1338, jusqu'au 23me jour de may en suivant par six vingt-cinq jours. Huit livres six sols six deniers par jour.—9.—LIII liv. II s. VI d.

Mgr Hugues, sire de Grantmont, chevalier banneret. Pour cinq escuyers, les deux mentés au moins de pris et deux menestrels de sa compagnie du 12me jour de décembre l'an 1338, jusqu'au 26me jour de janvier, en suivant par quarante-cinq jours. 35 s. 6 d. par jour LXXXX liv. XVII s. VI d.

Mgr Jehan du Mor, chevalier banneret, pour lui, deux chevaliers, vingt-deux escuyers, les sept montés a non pris et deux menestrels à cheval, du 10me jour de janvier l'an 1338 jusqu'au 28me jour du dit mois, en suivant par dix-neuf jours. 8 liv. 18 s. 6 d. par jour. VIII** IX liv. XI s. VI d.

Mgr Girart de Montfaucon, chevalier, sire de Faisy.

Escuyers :

Jean de Rondel, escuyer de la compagnie Jean de Monregard, du 12mo jour de février 1338, jusqu'au 27me jour de may, en suivant par 104 jours. 6 s. 6 d. par jour. XXXIII liv. XVI s.

Mermet de Livron.

Gilet de Montconin.

Giraut de Fénélon.

François de Grantmont

Nicolet de Germigny. (*Manuscrit de la Bibliothèque du Roi.*)

FIN.

ERRATA DU PREMIER VOLUME.

Page 3[illegible], ligne 20, elle perd de suite, *lisez* : soudain.
— 59, ligne 15, me suffiront du reste, *lisez* : de reste.
— 68, ligne 3, qu'on ne se doute pas, *lisez* : doutera pas.
— 70, ligne 7, js s[illegible]ns, *lisez* : je.
— 84, ligne 20, ne savait à quoi atribuer, *lisez* : attribuer.
— 62, titre : *Les trois amis du roi*, *lisez* : amies.
— 104, ligne 17, aussi parées qu'aux grands jours, *lizez* : qu'aux grandes fêtes.
— 115, ligne 9, le même peuple, *lisez* : le menu.
— 119, ligne 18, Jehan Pastorel, *lisez* : Pastourel.
— 139, ligne 6, le lieu que les rois ont habité, *lisez* : habité.
— 140, ligne 10, l'humble mansarde, *lisez* : le modeste réduit.
— 149, ligne 4, à persuader à l'bomme, *lisez* : à l'homme...
— 153, ligne 8, il demanda la la grâce, *lisez* : la grâce.
— 204, ligne 14, pour en vcir abattu, *lisez* : en avoir.
— 211, ligne 4, Launoy. *lizez* : Launoy.
— 212, ligne 20, mais dites-moi, *lisez* : dis-moi.
— 218, ligne 13 sans s'en être douter, *lisez* : do[illegible]té.
— 239, ligne 2, l'a ennobli personnellement, *lisez* : anobli.
— 258, ligne 15, les retranchements de l'Exile, *lisez* : Exille.
— 274, ligne 20, avoir assuré à ces dames qu'elles seraient heureuse, *lisez* : qu'elle serait heureuses.

ERRATA DU DEUXIÈME VOLUME.

Page 17, ligne 14, après qui tu es, voir aux notes (n° 1).
— 58, ligne 4, ennoblir cette famille, *lisez* : anoblir.
— 65, ligne 21, fut ontracté, *lisez* : contracté.
— 23, ligne 10, voir la note (E).
— 83, ligne 9, voir la note (F).
— 89, ligne 12, conseilliers, *lisez* : conseillers
— 61, ligne 2, chez ja présidente, *lisez* : la.
— 97, ligne 8, qu'on ne veillit pas, *lisez* : vieillit.
— 137, ligne 8, l'art Bvsentin, *lisez* : Bysantin.
— 144,, ligne 9, la religion lui retient, *lisez* : retint.
— 103, ligne 3, détails que me racontait *lisez*: M. de Becannen à ses amis, que racontait.
— 107, ligne 10, feisait sensation, *lisez* : faisait.
— 111, ligne 13, Nimi cadette, *lisez* : Mimi cadette.
— 253, ligne 20, vint d'y ajouter, *lisez* : vint y ajouter.
— 293, ligne 20, son aïeuls, *lisez* : aieul.
— 317, ligne 16, aucune n'a pu l'indistraire, *lisez* : l'en distraire.
— 317, ligne, 16, ni savoir de luc, *lisez* : lui.
— 319, ligne 19 de Mor, *lisez* : du.
— 324, ligne 1, que votre fortune torumente. *lisez* : tourmente.
— 324, ligne 12. Caron, *lisez* : car on.

www.ingramcontent.com/pod-product-compliance
Ingram Content Group UK Ltd.
Pitfield, Milton Keynes, MK11 3LW, UK
UKHW021843190726
13855UKWH00001B/126

9 782012 9858